LA TOSCANE

ET SES VINS

LA TOSCANE
ET SES VINS

HUGH JOHNSON
PHOTOGRAPHIES D'ANDY KATZ

Solar

Titre original de cet ouvrage :
TUSCANY AND ITS WINES

Traduction-adaptation :
Michel BEAUVAIS

ISBN : 2-263-03097-2
Code éditeur : S 03097

Dépôt légal : mars 2001
Photocomposition : Nord Compo, Villeneuve-d'Ascq
Imprimé en Chine

Si vous souhaitez recevoir notre catalogue
et être tenu au courant de nos publications,
envoyez-nous vos nom et adresse, en citant ce livre
et en précisant les domaines qui vous intéressent.

Éditions SOLAR
12, avenue d'Italie
75013 PARIS
Internet : www.solar.tm.fr

Sommaire

Avant-propos

Dans les dernières années du XXe siècle, pour une bonne partie du monde, la Toscane est devenue l'image de l'Arcadie. Elle représente la *villegiatura*, le rêve d'une évasion hors des villes, même chargées d'art et d'histoire, et d'un séjour dans une *villa,* au cœur d'un paysage idéalisé saisi à la Renaissance par les riches couleurs des peintres, mais qui évoque surtout l'Antiquité à travers des souvenirs plus ou moins estompés.

La Toscane est virgilienne — c'est un joli mot. Dans ses *Géorgiques*, le poète latin de la vie bucolique révèle ses secrets, depuis l'élaboration du vin jusqu'à la récolte des olives et l'art de l'apiculture. Mais au-delà de Virgile, vers l'horizon temporel, on imagine aussi les Étrusques, labourant la même terre, se reposant sous les mêmes treilles, contemplant les mêmes collines lointaines, respirant les mêmes parfums d'huile et de vin.

Car ces deux précieux liquides coulent dans les veines de la Toscane, aujourd'hui comme hier. Ils ont, dans la mythologie locale, la même importance que le lait et le miel de la Terre promise. Et les touristes, en flots denses, sont tout prêts à pardonner si le mythe diverge un peu de la réalité. Comme l'écrit Henry James, « l'amateur indulgent, l'étranger conquis » se pâme pour un « relief doucement modelé, une nuance de couleur, une certaine atmosphère... simplement parce que c'est Florence, parce que c'est l'Italie ».

C'est un paradoxe que cette terre de création et d'invention, dont les productions artistiques, coulant de source, ont inspiré le monde entier, soit restée, jusqu'à une époque récente, relativement à l'arrière-garde pour ce qui concerne la table. Comparés aux Français, qui ont le génie d'explorer les saveurs de chaque terroir, les Toscans tiennent pour acquise la beauté de leur pays. Avec leur science approfondie du paysage, leurs superbes villas et leurs ingénieux jardins, les Toscans, même les aristocrates les plus fins, se sont en général contentés d'une nourriture simple et ne semblent pas s'être jamais beaucoup préoccupés de leurs vins.

Les fêtes des Médicis étaient brillantes, mais assez peu épicuriennes. « Un banquet italien, disait Montaigne, ferait un repas léger en France. » De nos jours encore, les dirigeants politiques toscans vont répétant qu'ils sont fidèles aux traditions anciennes, celles-là même des ménagères antiques — la cuisine de paysan. De fait, le repas toscan illustre toujours la même frugalité : pain, huile, haricots, viande rôtie, légumes, champignons et fromage.

Et il faut une certaine obstination pour croquer jour après jour, à l'heure de l'apéritif, les éternels *crostini* — pain dur sans sel imbibé d'huile !

Le vin toscan a longtemps pâti de la même négligence. Toutefois, au cours du dernier quart de siècle, tout a changé, et le *fiasco* paillé de Chianti n'a pas disparu, beaucoup s'en faut. Le vin est maintenant à la mode, et les vinificateurs sont hautement considérés. La Toscane joue dorénavant dans la cour des grands, et il y a peu d'apparence qu'elle y fasse pâle figure.

Les périodes de changement sont toujours les plus intéressantes. Dans le laps de temps d'une génération, la Toscane a abandonné son passé paysan pour devenir une terre de rencontres et d'échanges, au confluent des idées du monde entier, qu'elle exprime dans sa langue et avec son accent. Ses vins rouges sont aujourd'hui parmi les plus originaux et les plus évocateurs, et ils sont servis avec une cuisine autochtone plus que satisfaisante. En ce qui concerne les vins blancs, les choses vont plus lentement ; les plus simples, pour les fruits de mer, sont déjà là, mais il manque encore quelques grandes étiquettes.

Toutefois, le visiteur qui contemple les bateaux somnolants et leur reflet sur l'eau, depuis une table du port, s'en soucie-t-il vraiment ? Quand le garçon lui apporte un bifteck grillé, incroyablement assaisonné d'huile et de sel, a-t-il envie de consulter la carte des vins ? Il assume tout simplement le rôle de « l'amateur indulgent » que cite Henry James.

La Toscane et ses vins

Vue d'un satellite imaginaire, la Toscane aurait un peu l'aspect d'un large bassin triangulaire bordé, sur sa partie occidentale et sur quelque 250 kilomètres, par la mer Tyrrhénienne, et au nord, à l'est et au sud par des montagnes. Les Apennins, épine dorsale de l'Italie, abritent la région au nord et sont plus spectaculaires dans les Alpes apuanes, avec les montagnes de marbre blanc qui, vues de Lucques, paraissent toujours enneigées.

La longue barrière rocheuse se poursuit derrière la série des cités du nord ; Lucques à l'ouest, Pistoia, Prato et Florence. Ensuite, les hauteurs bifurquent vers le sud pour donner un petit air montagnard à la rive droite de l'Arno, où se dessinent les premières collines du Chianti qui entassent leurs rondeurs au cœur du bassin, sur une soixantaine de kilomètres, et se soulèvent un peu plus vers les Collines Metallifere, les « collines de fer ».

Au sud du Chianti, tout change radicalement, et une ondulante plaine herbeuse s'étend, étrangement ponctuée de zones d'érosion, les *crete*, avant de s'élever à nouveau en une harde de collines dont chacune est surmontée d'une forteresse, depuis Sienne jusqu'à Arezzo. Elles débouchent sur le large val d'Orcia, dominé au sud par la plus noble des montagnes toscanes, le mont Amiata, barrant la route de Rome vers le sud.

Les touristes qui ont défilé ici depuis la Renaissance ont passé les Apennins soit par la route côtière, soit par l'antique voie aurélienne, depuis les fameuses carrières de marbre de Carrare, soit encore par le col entre Bologne et Florence.

Aujourd'hui, l'*autostrada* rend le voyage anodin, et les forêts ne représentent plus une menace. Les voyageurs du passé devaient affronter la piste pentue, les grands bois sombres, et se dépêchaient en pensant aux loups et aux ours. Montaigne, venu de Bordeaux en Toscane pour la première fois en 1581, après avoir parcouru l'Allemagne et traversé les Alpes, rapporte que les montagnes, au-dessus de Florence, ont constitué la partie la plus pénible de son périple.

N
MUGELLO
Alpes Apuanes
Serchio
Lucques
FLORENCE
PISE
Arno
Livourne
CHIANTI
San Gimignano
Arezzo
Monteriggioni
SIENNE
Montepulciano
Montalcino
Colline Metallifere
Mont Amiata
MAREMME
ILE D'ELBE
Ombrone
Pitigliano
Albegna
0
20 km
Mont Argentario
Giglio

Presque immuables pendant des siècles, de la Renaissance jusqu'à la Seconde Guerre mondiale, les contadini *travaillaient dur, avec leurs bœufs, dans la campagne toscane. La polyculture de la vigne, de l'olivier et des céréales offrait certes une image paradisiaque et bucolique, mais elle était synonyme de pauvreté sur une terre ingrate.*

Il s'est sans doute senti ragaillardi en découvrant les vertes vallées du Mugello, région natale des Médicis, et surtout les extraordinaires jardins de Pratolino, dont les grottes, les bassins et les fontaines étaient, pour un voyageur du XVIe siècle venu du nord, les premiers signes de l'opulence florentine.

La descente de la vallée de l'Arno reste aussi belle qu'elle l'était autrefois. Florence, blottie autour de son dôme élancé et des tours scintillantes de sa cathédrale, s'étend également sur une vingtaine de collines, à forte concentration en villas et avec une densité de jardins unique en Europe. Au XVIe siècle, avec 90 000 habitants, Florence était plus peuplée que Londres. Bien qu'elle intègre aujourd'hui les villes jadis voisines de Prato et de Pistoia, elle offre encore l'image d'une civilisation sereine, abritée dans son environnement de collines.

La passion pour la *villegiatura* — les séjours dans les villas sur les collines — était profondément ancrée au cœur des Médicis. Ils avaient des résidences à Careggi (la préférée de Cosme l'Ancien) et à Castello, désormais dans la grande banlieue nord de Florence, ainsi qu'à Fiesole. Cafaggiolo (construite elle aussi par Cosme l'Ancien) et Il Trebbio étaient leurs retraites dans leur Mugello natal. La villa de Laurent le Magnifique, à Poggio a Caiano, et le pavillon de chasse d'Artimino se trouvent plus en aval, là où commencent les pentes du mont Albano.

Toutefois, à l'est de Florence, on voit encore les armoiries de la famille Albizi, grande rivale des Médicis (jusqu'à ce que Cosme réussisse à la neutraliser), à côté de celles d'une autre famille de la vallée, les Frescobaldi, sur ses domaines familiaux de Nipozzano et de Pomino, dans les collines de Rufina. Adossée aux profondes forêts de conifères de Vallombrosa, comme un balcon au-dessus de l'Arno, qui coule vers l'ouest et vers la mer, Rufina surveille la vallée, assez densément peuplée sur la rive nord, jusqu'à Lucques et à l'estuaire, près de Pise.

Les villas des anciens grands de Toscane étaient des retraites, mais aussi des entreprises agricoles, des *fattorie*, dont les produits étaient utilisés à la ville, où l'on vendait également les surplus de vin, de grain, de viande et d'huile. On sait, par exemple, qu'au XIVe siècle la famille des Antinori, dans son somptueux palais, se livrait au petit commerce. S'il y avait des bons vins en ce temps-là, ils venaient sans doute des vignes de la noblesse. Les premiers dont on trouve mention sont le Nipozzano et le Carmignano, le premier de chez les Albizi et le second des domaines des Médicis, dans les collines de Montalban qui portent encore le nom curieux de Barco Reale (« Barco », dans ce cas, ne désignant pas un bateau, mais le mur qui entourait le vaste parc de chasse des Médicis).

Nous savons peu de chose sur le vin du XIVe siècle, mais il était essentiellement blanc. Lors des noces de Laurent le Magnifique et de sa fiancée romaine, Clarice Orsini, « la nourriture et la boisson étaient aussi modestes et simples qu'il sied à un mariage ». Les 300 barriques transvasées dans des glacières en cuivre contenaient surtout du Trebbiano et du Vernaccia, des vins blancs issus des deux cépages les plus cultivés.

Michel-Ange a consacré au Vernaccia de San Gimignano l'une des rares notes de dégustation qui aient traversé les siècles. Le Trebbiano, très répandu, n'est pas le genre de vin pour lequel on s'enthousiasme. Montaigne n'est pas une mauvaise référence; c'est un honnête homme, de Bordeaux qui plus est, qui s'intéresse au boire et au manger. Rabelais, un demi-siècle auparavant, à gardé pour lui son opinion.

Le « Trebisian », comme le nomme Montaigne, « pouvait être très bon ». À Lucques, il était « fort, assez mûr et cependant peu délicat », à Florence, « doux et fumeux », mais il lui a donné la migraine. À l'époque, le bon vin était doux, mais l'auteur des *Essais* lui a trouvé « une douceur lâche, insupportable en cette saison ».

Toutefois, on buvait en général le Trebbiano avec de l'eau, et dans des verres « extraordinairement petits », ce qui, pour Montaigne qui venait d'Allemagne, contrastait étonnamment avec les grands verres à blanc qu'il y avait vus et que l'on vidait cul sec.

Le vin rouge était appelé *vermiglio*, terme qui évoque la même chose que le *claret* anglais : un rouge clair et léger. Le *vermiglio tondo* était sans doute plus « rond » et plus foncé. À Florence, les meilleurs vins locaux étaient le Carmignano, le Rufina et le Chianti, issus des villages voisins du sud, tel Impruneta, ou plus éloignés, comme Greve. C'est d'ailleurs toujours le cas.

Filippo Mazzei (ci-dessus), de Fonterutoli, à Castellina in Chianti. Descendant direct du Mazzei qui, le premier, il y a six cents ans, baptisa un vin « Chianti », c'est un de ceux qui, aujourd'hui, réinventent le mieux le Chianti.

Les propriétaires terriens n'étaient pourtant pas sans aucune ambition pour leurs domaines, ni adversaires du bon vin. Dès le début du XVIIe siècle, Niccolo Capponi écrit son *Modo di fare il vino alla francese*. Vers la fin de ce siècle d'innovations (qui a vu apparaître le Champagne, les grands Bourgogne blancs, le vin botrytisé, le Tokay, les châteaux de Bordeaux et le Porto), la Toscane exportait du vin vers les marchés d'amateurs, et avant tout à Londres. Le consul britannique à Livourne (Leghorn pour les Anglais) faisait le commerce du « Florence rouge », du Montepulciano et du très doux Moscadello, qui était alors la spécialité de Montalcino. Le « Florence » était apparemment toujours exporté en caisses de bouteilles, ce qui était très inhabituel à une époque où le transport en tonneaux constituait la règle. C'était sans doute le fait d'un vin très spécial. Peut-être venait-il de Carmignano ou bien de Rufina...

Mais la splendeur des Médicis finit par décliner, dans une contrée très appauvrie, et le commerce florentin par péricliter. Le dernier Médicis relativement actif, Cosme III (mort en 1723), homme sombre mais gourmand, avait cherché à définir les zones de production des meilleurs vins : Carmignano, Pomino, Chianti et la haute vallée de l'Arno. Cette tentative fut l'une des premières en Europe. Mais ses décrets comptent parmi les derniers de sa famille. Pendant plus d'un siècle, la Toscane va appartenir à l'Empire autrichien, avec pour seuls interludes les rudes incursions napoléoniennes.

Toutefois, la domination autrichienne commençait sous d'assez heureux auspices. François, le nouveau grand-duc, époux de Marie-Thérèse d'Autriche et père de Marie-Antoinette, s'attela à des réformes. Son fils, Pierre-Léopold, se révéla un despote éclairé. Dans l'esprit philosophique de l'époque, un groupe de propriétaires fonciers et de scientifiques constitua l'Accademia dei Georgofili (les « amis de la terre »), et le grand-duc leur donna un siège dans les Uffizi, les « offices » des Médicis, qui abritent aujourd'hui le célèbre musée de Florence.

L'Accademia se trouve toujours au milieu du côté sud de cette vaste cour à arcades, déconseillée aux claustrophobes, qui mène du Palazzo Vecchio au fleuve.

Toutes les grandes familles toscanes comptaient, et comptent encore en leur sein, des académiciens. Les nombreux registres de la bibliothèque remontent à 1753 et contiennent toutes les initiatives qui furent prises pour améliorer l'agriculture toscane — et la tâche n'était pas mince. On y trouve notamment la « méthode pour reconnaître les manières les plus dangereuses de falsification du vin ».

Malgré toutes ces bonnes intentions, bien peu fut fait. Le paysan toscan était terriblement routinier — et c'était lui qui travaillait la terre ! Il cultivait la vigne sur treille depuis deux mille ans et ne voyait aucune raison pour changer. Le philosophe et scientifique français Jules Guyot parlera de « liberté, égalité et fraternité légumière, détruisant les trois quarts de la vigueur et de la fécondité ».

Il faudra attendre la fin du système féodal du métayage, redoutée par les paysans, pour que la Toscane accepte d'abandonner ses treilles, que les vignes soient correctement plantées et taillées, et pour que les vendangeurs attendent la complète maturité des grains avant d'effectuer la cueillette du raisin.

Comme tous les vieux pays de vigne, la Toscane a aussi ses propres cépages. Certains sont mentionnés dès le Moyen Âge, et quelques-uns proviendraient même des Grecs anciens. Le plus important est, de loin, le sangiovese, dont le nom a pour origine *sanguis Jovis* (le « sang de Jupiter »), mais qui est probablement antérieur aux Romains et passe pour avoir été cultivé par les Étrusques. Comme beaucoup d'anciens cépages, il a fourni de nombreux clones, avec des grappes ou des grains plus ou moins gros, mûrissant plus ou moins vite, donnant une récolte plus ou moins abondante et de qualité variable... En Toscane, à l'heure actuelle, on cultive surtout le sangiovese grosso, qui présente lui-même deux variantes, dont le brunello, de rendement modeste, sélectionné à Montalcino.

Le sangiovese a de nombreuses qualités : il fait des vins aromatiques, bien dotés en acide, agréablement tanniques et astringents en bouche. J'y trouve aussi quelque chose de rustique qui m'évoque, je ne sais pourquoi, la châtaigne grillée. Avec l'âge, ces vins s'adoucissent, au nez et en bouche, et font penser à la fraise. Leurs défauts sont le manque de couleur et une certaine minceur en bouche. C'est pourquoi le sangiovese est généralement associé à d'autres cépages, plus colorés et moins acides : canaiolo, mammolo et colorino.

Le malvasia blanc, issu de la même variété grecque que le malmsey de Madère, est un cépage toscan par adoption, cultivé à côté du sangiovese pour assouplir et arrondir un vin autrement maigrichon et acerbe. Mais le trebbiano est beaucoup plus — beaucoup trop ! — répandu. Il apporte peu de chose au vin, mais son rendement est élevé et sa culture facile.

L'histoire moderne des vins de Toscane, depuis les premières tentatives pour définir le Chianti jusqu'aux cracks du XXIe siècle, se résume au choix des cépages et aux méthodes de culture. De plus en plus, la Toscane

introduit les cabernets, le merlot et d'autres cépages français mondialement répandus. Mais il est étonnant de constater à quel point ceux-ci deviennent toscans sur ces sols, surtout sur les relatives hauteurs de l'intérieur du Chianti, où le climat est plus extrême que, par exemple, dans le Bordelais.

Cependant, une tradition, non spécifique à la Toscane mais très riche ici, ne s'est pas perdue : celle du Vin Santo, que l'on produit en petite quantité. Cet élixir, dont le nom signifie évidemment « vin saint » (bien que certains y discernent une racine grecque), est préparé partout où il y a de la vigne. On met à sécher le trebbiano ou, mieux, la malvasia, sous une grange, pendant l'hiver, pour que l'eau s'évapore et que le sucre et les arômes se concentrent suffisamment.

Bien fait, le Vin Santo est liquoreux et aromatique, doté d'un solide caractère — ou alors sec et fort, avec une pointe de Xérès. C'est un vin de paysan, très peu commercialisé, mais servi aux visiteurs avec cérémonie ou siroté après un repas, et où l'on trempe parfois des biscuits secs aux amandes appelés *cantucci*. C'est ce que l'on nomme ici un *vino de mediazone*.

Ceux qui s'y consacrent sérieusement le laissent vieillir cinq à six ans dans de très petits tonneaux allongés, les *carratelli*, que l'on place dans les greniers pour qu'ils y soient exposés, comme les meilleurs Madères, au froid et à la chaleur. La maison Avignonesi, à Montepulciano, fait le plus remarquable. Tachis, le grand œnologue d'Antinori, a écrit à son sujet des textes qui font désormais figure de référence.

Depuis la terrasse de Fonterutoli, les collines du Chianti semblent onduler dans la brume, formant une ligne d'horizon accidentée. Mais, si l'on s'abrite les yeux du soleil, les choses deviennent plus claires, et l'on distingue, au centre, les rectangles des murs d'une ville entourant une sorte de tour : c'est le campanule de Sienne, la Torre del Mangia. Fonterutoli et ses propriétaires, les Mazzei, regardent Sienne depuis près de six siècles.

Les trois vénérables villages voisins, Castellina, Radda et Gaiole, ont été les places avancées des Florentins lors de leurs guerres perpétuelles contre Sienne. Longtemps avant que « chianti » ne devienne le nom d'un vin, ils ont constitué la Lega del Chianti, utilisant un terme qui remonte peut-être aux Étrusques. C'est Ser Lapo Mazzei qui, le premier, dans une lettre de 1398 à son vieil ami Francesco di Marco Datini, fameux marchand de Prato, a appelé un vin « chianti ». Il s'agissait de vin blanc, le plus estimé à cette époque.

Le château, Sienne, la famille et ses préoccupations, les vignes, les oliviers et les cyprès sur les collines environnantes, tout est là depuis si longtemps que le moindre changement semble impossible. C'est notre Toscane d'Épinal à tous. Et cependant, depuis un demi-siècle, tout, ou presque, à Fonterutoli comme dans cent domaines comparables, s'est trouvé bouleversé. Même le paysage, apparemment immuable, a pris un nouveau visage. Le système archaïque du métayage, appelé le *mezzadria*, a été supprimé dans les années 1960, et la vie des *contadini*, ces « gens de la terre », a radicalement changé, entraînant du même coup la transformation de l'environnement.

Les parties les plus élevées du Chianti sont constituées de vagues de collines irrégulières, aujourd'hui généralement couronnées de bois de chênes, au point que le visiteur a d'abord l'impression d'une région de forêts. Les petits espaces libres, sur les pentes, où croissent la vigne, l'olivier, le figuier et les taillis de cyprès, avec les champs de blé, les murs et les ruisseaux, passent presque inaperçus, comme l'écume de la houle des océans. Le Chianti réussit à être un petit pays avec un paysage grandiose, qui noie les distances dans sa brume bleutée.

Une photographie prise de la terrasse de Fonterutoli, il y a quarante ans, est édifiante malgré le noir et blanc : seule Sienne, sur l'horizon, n'a pas changé. Les collines du premier plan, aujourd'hui couvertes de chênes et de groupes de cyprès noirs, laissaient alors voir la roche, avec quelques herbes et broussailles. Le pays était beaucoup plus peuplé, et les *contadini* possédaient des troupeaux qui, pour paître, avaient besoin d'espaces déboisés. Dorénavant, le Chianti a l'aspect d'une grande forêt, avec quelques clairières cultivées.

Aucune autre terre agricole, peut-être, n'a jamais eu le charme et la poésie de la *cultura promiscua* toscane, encore vivace il y a seulement quelques décennies. Cette polyculture associait les fruitiers et la vigne, l'olivier, l'orme et le peuplier, le chou et le blé, le figuier, le tournesol et la volaille — et, dans le vignoble, le noble sangiovese et une bonne douzaine d'autres cépages, indifféremment blancs et noirs.

Il y avait plus de gens dans les champs que dans les rues silencieuses des villages : les *contadini*, vêtus de noir, piochaient, plantaient et récoltaient sans prendre le temps de souffler. À la vendange, tout le monde, dans le vignoble, suivait le bœuf ou les deux bœufs blancs tirant la cuve en bois montée sur roues. Il fallait des échelles pour cueillir le raisin en hauteur. Les grappes, blanches ou noires, avec toute la rafle, remplissaient le grand récipient, tandis que le vigneron, armé d'un long bâton, pilonnait vigoureusement pour faire éclater les grains et ménager davantage de place. La mixture couleur d'encre commençait à fermenter sous le soleil, et des chapelets de bulles s'échappaient parmi les peaux et l'enchevêtrement des rafles.

À l'heure du repas, le vigneron faisait circuler un vieux *fiasco* à la paille râpée pour remplir des gobelets grossiers de vin de l'année précédente. Noir comme la nuit, c'était un breuvage à la fois amer, aigre et doux, que l'on buvait sans peine. Rien de tel pour faire passer le pain dur et le raisin sucré.

Il était difficile, alors, de ne pas penser aux *Géorgiques* de Virgile, cet agenda du cultivateur antique. Rien

Le Chianti du début du XXe siècle n'offrait pas le paysage bien entretenu et riche d'aujourd'hui. Ici, une partie de chasse, à Badia a Passignano, mène la traque parmi les broussailles où pâturent les chèvres.

n'avait véritablement changé, mais il n'y avait pas de quoi s'en réjouir. Certes, les esclaves de Virgile étaient liés à la terre, alors que ces vignerons avaient peut-être des cousins en Amérique. Mais les métayers étaient peu motivés et sans perspective. Les Toscans, écrivait Henry James, « ont le don de faire beaucoup d'une chose minime et de convertir en fête la plus petite occasion ». Ce besoin de se divertir se comprend ; en effet, comme le dit Virgile, dont l'amour pour la terre est aussi consubstantiel que les fleurs au printemps, « les soins de la vigne n'en finissent jamais... Admirez un grand vignoble si vous voulez, mais n'en cultivez qu'un petit ».

Si le vin était bon, c'était par accident ou par chance. Le raisin, haut perché et ombragé, mûrissait plus ou moins. Les différents cépages d'un même vignoble n'arrivaient pas tous ensemble à maturité, mais ils étaient vendangés en une fois. La cuve était mal nettoyée et sentait le vinaigre. Les rafles vertes, macérant dans le moût, lâchaient des tannins amers. L'exposition au soleil entraînait l'oxydation du moût, même si l'on y jetait de temps à autre une poignée de soufre.

Une fois à la *cantina*, au pressoir, le jus était pompé dans des barriques antédiluviennes ; ensuite, les jeunes gens tombaient les pantalons et, suspendus au bord de la cuve, piétinaient la pulpe, les pépins et les rafles jusqu'à ce qu'il y ait assez de jus. Finalement, on pelletait le fond dans le pressoir latté, avant de l'écraser tout en serrant la vis. Si les tannins donnaient un goût amer, ils permettaient tout de même d'éviter que le vin ne se gâte.

La fermentation commençait fort, remplissant l'air d'odeur, et tout le monde désertait la *cantina* pour éviter l'asphyxie. Mais elle allait rarement à son terme, et le sucre ne se transformait pas intégralement en alcool. Le vin restait donc doux et rendait toujours quelques bulles, même quand il était soutiré d'un tonneau dans un autre — celui auquel on remplissait les *fiaschi* habillés de raphia. La douceur et l'effervescence masquaient un peu l'amertume et les relents de vinaigre.

Toutefois, pour améliorer le vin et pour le rendre commercialisable, il y avait le *governo*, procédé qui permettait de donner de la force et des arômes. On réservait les meilleurs raisins (surtout du canaiolo), en les suspendant aux solives ou en les étalant sur des claies de paille, pour qu'ils se ratatinent légèrement et concentrent leur sucre. Lorsque la fermentation était presque terminée et ne lâchait plus que quelques bulles, le *governo* était foulé et versé dans une barrique. Le sucre ainsi apporté produisait divers effets. Il relançait la fermentation, donnant un vin plus fort et plus stable, provoquait une fermentation malolactique qui gommait et assouplissait l'acidité, apportait ce joyeux picotement qui a toujours fait le charme du jeune Chianti.

Toute la Toscane, dans les années 1950, en était à peu près là. Il n'y avait pas vraiment de demande, en Italie, pour un vin de meilleure qualité — les quelques vrais amateurs vinifiaient eux-mêmes. Les noms, pourtant fameux, de Montepulciano et de Montalcino étaient tombés en désuétude.

En dépit des efforts d'un *consortio* créé pour promouvoir le Chianti, ce vin était d'un niveau très bas — même pour l'exportation, alors réservée aux émigrés italiens des États-Unis.

Pire, ce Chianti calamiteux était consacré par la loi. Sous Mussolini, dans les années 1930, les autorités avaient étendu l'appellation au-delà de ses limites naturelles (qui correspondent aujourd'hui au Classico), pour l'autoriser dans toute la Toscane. Chaque province, à part Grosseto, avait son propre « Chianti ».

En désespoir de cause, le gouvernement italien, dans les années 1960, afin de mettre un peu d'ordre dans le chaos, institutionnalisa le *statu quo* tout en cherchant des compromis. Les lois sur les DOC (appellation d'origine contrôlée) représentèrent un bel effort pour donner à l'Italie un système d'appellations comparable à celui de

Pendant des siècles, Florence a été approvisionnée en Chianti et, jusqu'à ces vingt dernières années, essentiellement avec la bouteille ventrue, le fiasco, enveloppé de raphia lui donnant protection et stabilité. Le fiasco disparaît à cause de son prix (et du snobisme attaché à la bouteille de style Bordeaux).

la France, mais elles entérinèrent l'extension regrettable qui avait abouti à banaliser le Chianti. Elles imposèrent une proportion de cépages blancs (jusqu'à 30 %, et 10 % au minimum), afin de gommer l'aspérité naturelle des bons sangiovese ou canaiolo rouges. Le marquis Piero Antinori, rejeton d'une grande famille florentine, fut le premier à élaborer un Chianti Riserva, un vin supérieur issu de ses vignobles et de ceux de quelques vignerons amis — avec une mesure de Bordeaux rouge pour donner un goût « international ». C'était en 1904, mais la recette (les cépages de Bordeaux et non le vin lui-même) devait faire le succès de la Toscane dans les années 1970.

Plusieurs domaines avaient introduit des cépages étrangers. Les DOC de Carmignano imposèrent 10 % de cabernet sauvignon, à l'exemple de leur meilleur domaine. Les boutures qui devaient permettre le triomphe du pragmatisme vinrent elles aussi du Bordelais, et, dans les années 1940, du cabernet sauvignon fut planté sur un hectare rocailleux près de la mer, loin des autres vignobles, dans une zone favorable à une maturation précoce. C'était une lubie de Mario Incisa della Rochetta, propriétaire de San Guido, près de Bolgheri, sur la côte au sud de Livourne. Le climat, plus chaud que sur les collines du Chianti, permettait une floraison en mai et une vendange au début du mois de septembre.

Lodovico et Piero Antinori, neveux d'Incisa, possédaient eux aussi des vignes dans la contrée. Leur jeune vinificateur piémontais, Giacomo Tachis, trouva excellent le cabernet de San Guido. Incisa continua de planter, et, dans les années 1960, le vignoble Sassicaia (ce qui signifie « pierreux ») comptait près de 1 hectare de cabernet (franc et sauvignon). Il n'y avait pas de DOC,

Le marquis Piero Antinori (à gauche) et son œnologue Giacomo Tachis ont modernisé le vin toscan dans les années 1960 et poursuivi leur action jusque dans les années 1980. Aujourd'hui, une poignée d'œnologues célèbres sont consultés dans toute la Toscane.

à Bolgheri, pour le rouge de qualité. En 1968, Antinori commercialisa donc son premier Sassicaia comme *vino da tavola*. Alors que venait d'apparaître le premier grand Cabernet italien, Piero Antinori et Giacomo Tachis prolongeaient leurs innovations dans le domaine de Santa Cristina (Chianti Classico). Entre 1969 et 1983, le célèbre professeur Émile Peynaud, de Bordeaux, se rendit plusieurs fois dans leurs chais.

En 1970, Antinori diffusa un vin sous un nom bien connu de vignoble, Tignanello. Techniquement, ce n'était ni du Chianti ni un assemblage, mais du plus pur sangiovese, vieilli en fûts de chêne français. En 1975, il ajouta du cabernet et, en 1978, sortit le Solaia, dans lequel la proportion de cabernet et de sangiovese était inversée. En l'absence d'appellation, c'étaient aussi des vins de table.

À cette époque, les meilleurs propriétaires toscans comprirent que les vieilles normes du Chianti, même Classico, imposaient trop de contraintes et représentaient un conséquent obstacle à la qualité. Ils se lancèrent donc sans compter dans diverses expériences. Le merlot paraissait idéal pour adoucir l'acerbe sangiovese, la syrah pouvait apporter un fruit plus profond et le chêne français donner une incontestable touche de classe. Le « supertoscan » était né. Et, pour marquer la rupture avec le Chianti d'antan, on adopta une haute bouteille opaque, étiquetée avec tout l'art florentin, à un prix lui assurant d'être remarquée.

Ainsi ces vins sans appellation comptaient-ils parmi ce qui se faisait de mieux en Italie. C'était une situation anormale et paradoxale, qui discréditait tout le système des DOC. Le parade fut la création d'une nouvelle catégorie, l'IGT, (provenance géographique précisée), un fourre-tout pour les vins qui n'avaient pas de DOC à leur mesure. Mais, très rapidement, il fallut créer de nouvelles DOC, presque chaque fois qu'un vigneron ambitieux lançait un vin de qualité, mais hors norme. Le processus se poursuit encore aujourd'hui.

Le sangiovese, qui date peut-être des Étrusques, est le principal cépage toscan ; au cours du temps, de multiples variétés ou clones ont été cultivés, certains, trop productifs, donnant un vin maigre. C'est dans les formes de sangiovese grosso que sont le brunello de Montalcino et le prugnolo gentile de Montepulciano qu'il exprime le mieux sa personnalité. Ces dernières années, des vignerons californiens ont fait eux aussi appel aux vertus de ce cépage délicieusement astringent. Sa sphère d'influence dépasse donc largement son foyer toscan.

La vallée de l'Arno: de Florence à la mer

Les premiers vins de Toscane consacrés et réglementés provenaient des collines entourant Florence, où les familles dirigeantes possédaient leurs villas pour chasser, se divertir et alimenter les réserves de leurs palais citadins.

Forte dei Marmi
Bagni di Lucca
Mugello
N
Pistoia
Montecatini Terma
Marlia
Viareggio
Serchio
Prato
Lucques
Montecarlo
Pratolino
Carmignano
Poggio a Caiano
Rufina
Fiesole
Pomino
Artimino
Vinci
Pontassieve
FLORENCE
PISE
Empoli
Arno
Vallombrosa
0 10 km

La capitale de la Toscane n'est pas une ville du vin comme on l'entend pour Bordeaux ou Beaune. La cité qui, il y a six cents ans, a fait renaître les arts, revivre le classicisme et dont on peut presque dire qu'elle a inventé la pensée moderne enjambe l'Arno par un pont qui est tout un symbole parodique de la dévotion pour les biens de ce monde — une rue d'orfèvres. On y ressent le goût d'une vie quotidienne luxueuse dans les vêtements et la maroquinerie, et dans les mille petites choses qui flattent la vanité. Les étals des marchés débordent. Le vin n'a pas l'air si important, et, s'il y a des boutiques spécialisées dans la ville, il faut bien les chercher. Pourtant, dans la *trattoria* florentine, le mariage du vin et de la nourriture est si fondamental que l'on se dit que la Toscane, sans ce breuvage, ne pourrait pas plus avancer qu'un camion sans gazole.

Il y a d'un côté la *fiaschetteria* de base, le bar qui sert du vin avec les *panini*, c'est-à-dire des mets très simples. De l'autre côté, un établissement florentin qui s'est taillé une réputation internationale auprès des vrais amateurs de vins. Le restaurant Enoteca Pinchiorri (ci-dessus) occupe le rez-de-chaussée, la cour et les caves d'un *palazzo*. Le vin y est merveilleusement présenté, et le choix est beaucoup plus varié que partout ailleurs en Italie, à tel point qu'il est difficile de ne pas se laisser tenter par une telle corne d'abondance. Les serveurs, sans doute aussi stylés qu'en France, se distinguent par leur omniprésence agile, presque féline. Au-delà de la générosité des broderies, du tintement du cristal, du luisant de l'argent ou de la profusion des fleurs, les racines rustiques de chaque mets se font fortement sentir, comme toujours en Toscane.

Les vues générales de Florence montrent toujours le Duomo, le baptistère, les tours du beffroi de Giotto et du Palazzo Vecchio — qui conduisent l'œil, au-delà de la ville, vers les vertes collines environnantes.

À Florence, une succession de ponts enjambent l'Arno. Le Ponte Vecchio était à l'origine bordé de boucheries, remplacées par des orfèvres sur décision du grand-duc de Médicis. Au XVI*e siècle, les Médicis y construisirent une galerie privée reliant les Offices à leur nouveau palais Pitti, sur la rive sud.*

L'ancien château Castello di Nipozzano, domaine des Frescobaldi, regarde à l'ouest, par-delà les collines boisées de Rufina, vers Florence et la vallée de l'Arno. Les vins de Rufina, rouges et blancs, ont été tenus en haute estime pendant six cents ans.

Au rez-de-chaussée du *palazzo* Antinori, proche de la gare, un établissement moins extravagant, la *Cantinetta Antinori*, est le plus habilité pour rendre hommage au plus grand homme du vin toscan. Cet ancien snack, devenu un excellent restaurant de style campagnard, présente l'insigne intérêt de proposer la remarquable gamme des vins Antinori. Pour le contraste, on trouve, au coin de Buca Lapi, un parfait exemple de la vaste *trattoria* (baptisée *taverna*) qui s'est exportée avec tant de succès, en particulier en Amérique du Nord.

La remontée du cours de la rivière (en suivant le Lungarno del Tempio) par Pontassieve, où la Sieve rejoint l'Arno, est un début de parcours idéal pour une excursion dans la campagne vinicole de Florence. Pontassieve est le quartier général de la maison de vin Ruffino, qui compte, parmi ses vignobles disséminés, quelques-uns des meilleurs du Chianti. Curieusement, les collines immédiatement au nord et à l'est marquent la limite de la zone du Chianti de Rufina. Les pentes raides exposées au sud, très rocailleuses, sableuses mais aussi très alcalines, sont naturellement vouées à un Chianti de longue garde qui, pour beaucoup, est le meilleur hors de la zone du Classico. En vérité, le nom de Rufina perd sans doute plus qu'il ne gagne à être associé au Chianti.

C'est 600 mètres plus haut, en lisière de la forêt, à Pomino, qu'un rejeton français de la famille Albizi introduisit le cabernet, le pinot noir et le chardonnay en Toscane. Pomino, propriété des Frescobaldi à la suite d'un mariage, fait encore le plus célèbre des Chardonnay toscans, Il Benefizio.

Le château Frescobaldi de Nipozzano est le seul grand domaine visible de cette contrée rurale et même sauvage. (Il faut mentionner aussi Selvapiana, la *fattoria* au pied de la colline.) Depuis des siècles, dans cette région à l'habitat clairsemé, la vue qui va au-delà de Florence, cachée au milieu de collines boisées, est manifestement restée identique. *A fortiori*, rien n'a évidemment changé dans l'épaisse forêt de sapins et de hêtres

Les Toscans sont friands de leurs champignons — surtout des fameux porcini *charnus qui se mangent cuits ou crus. Les forêts de sapins de Vallombrosa, les Alpes apuanes au-dessus de Lucques et les pentes du mont Amiata sont propices, en automne, à la cueillette de ces* funghi.

de Vallombrosa, au sud, où scintillent les ruisseaux. Au fond des bois, des bâtiments du XVIIe siècle abritent une abbaye fondée au XIe siècle. Le Grand Hôtel, aujourd'hui abandonné, et les villas des riches familles (Piero Antinori y est né) gardent le souvenir du temps où Vallombrosa, station d'altitude chic, attirait les Florentins séduits par sa solitude et la fraîcheur de ses étés.

Au nord de Rufina, le voyageur atteint bientôt la verte patrie des Médicis, le Mugello. À Vicchio, on lui rappelle que Fra Angelico est originaire des lieux, et, dans le petit village de Vespignano, on lui fait visiter la maison natale de Giotto. Il médite sur tout cela en retournant, par la citadelle étrusque de Fiesole, jusqu'à la vieille cité que ces « campagnards » ont embellie.

Plus près, à l'ouest de la ville, la route de Pistoia conduit aux douces collines du mont Albano. Les cités de Prato et de Pistoia prolongent le décor urbain. Malgré la laideur de leurs faubourgs et leurs embouteillages, leur centre historique, où certains des plus célèbres artistes toscans ont travaillé, mérite une visite. La capitale du textile, Prato, est réputée abriter plus de tailleurs chinois que toute autre en Europe. Pistoia est connue pour être un

Le comte Ugo Contini Bonacossi et sa famille (ci-dessus) vivent et travaillent à la Tenuta di Capezzana, villa construite pour une fille des Médicis à Carmignano, sur les collines du mont Albano. Capezzana a produit le premier vin rouge toscan contenant légalement du cabernet sauvignon.

véritable coupe-gorge. Les Allemands ont d'ailleurs frappé la « pistole » à partir de ces petites dagues que les habitants de Pistoia cachaient sous leur manteau. Aujourd'hui, sur les terres alluviales du bassin de l'Ombrone, de nombreuses pépinières font pousser des cèdres, des cyprès et des magnolias.

En empruntant l'antique route pour Pistoia, on passe devant l'ancienne villa Médicis de Poggio a Caiano. Le sentier qui part de la grille mène directement à Barco Reale, à la villa Artimino, perchée sur sa colline (un restaurant de premier ordre, le Da Delfina, offre une terrasse plongeant sur ses allées, ses oliveraies et ses vignobles), et aux vallées tapissées de vigne de Carmignano. Si elle fut autrefois auréolée du prestige de ses propriétaires, les Médicis, cette région s'est distinguée dans un passé récent en utilisant du cabernet sauvignon dans ses assemblages par ailleurs de type Chianti. Au XIXe siècle, la Tenuta di Capezzana était l'un des nombreux domaines des barons Franchetti, bâtisseurs de routes et dirigeants des postes pour toute l'Italie. Raimundo Franchetti était l'époux de Louise de Rothschild, qui, dit-on, introduisit des boutures de cabernet provenant de Château Lafite. Quoi qu'il en fût, les comtes Contini Bonacossi, propriétaires jusqu'à aujourd'hui, maintiennent le Capezzana comme un vin spécifique. Celui-ci se distingue par une saveur profonde (pour un Chianti) et par son bon rapport qualité/prix. Ambra et Il Poggiolo sont deux autres *fattorie* fidèles à la tradition. Techniquement, cette région est une des subdivisions du Chianti : le Chianti Montalbano.

Le déjeuner à la Tenuta di Capezzana, préparé dans une cuisine toscane traditionnelle, se compose d'une suite de mets simples, mais élaborés à partir d'excellents produits : légumes du potager, pâtes fraîches, gibier de la région et huile maison. Les vins rouges, depuis les millésimes 1950, prouvent leur admirable régularité et leur longévité.

Une bouteille de la meilleure huile d'olive toscane coûte souvent plus cher qu'un vin de même niveau. La récolte des olives vient après les vendanges. On les fait tomber sur des toiles tendues sous les arbres. L'huile de Lucques est douce, avec un faible degré d'acidité. Celle du Chianti est en général plus forte. La meilleure est la vierge extra, mais, comme pour le vin, il faut surtout se fier au nom du producteur.

À une altitude de seulement 200 mètres, les brises marines qui remontent l'Arno et les courants frais descendant, la nuit, des Apennins proches apportent un climat doux. À l'est, Carmignano fait face à Florence. Derrière les collines, à l'ouest, Vinci, lieu de naissance de Léonard, abrite une ambitieuse coopérative *cantina* (toutefois, le vignoble préféré de Léonard se trouvait à Milan).

Depuis Vinci, au nord-ouest, les imposantes Alpes apuanes, dont les plus hauts sommets enneigés atteignent 2 000 mètres, dominent l'horizon. De nombreuses sources aux vertus curatives coulent au pied des collines. Avec 500 hôtels, Montecatini Terme est l'une des stations thermales les plus importantes, et les collines, côté ouest, donnent l'impression d'être aménagées depuis des siècles. Ces Colline Lucchesi s'étendent à l'ouest, derrière Lucques, et presque jusqu'à la mer, à Viareggio.

Le vin n'est pas ici la préoccupation majeure. La seule DOC jouissant d'un certain renom est Montecarlo, à mi-chemin entre Montecatini Terme et Lucques, mais les vignobles, comme partout dans ces collines, semblent presque des exceptions dans un paysage de villas. Le vin blanc, dans lequel le sauvignon et d'autres cépages aromatiques ont permis de rehausser la monotonie du trebbiano, a donné au Montecarlo sa vieille réputation. La Fattoria del Buonamico est le producteur le plus célèbre. D'autres domaines — Del Teso, Carmignani et Montechiari — expérimentent des variétés françaises. Aujourd'hui, Montecarlo produit plus de vin rouge que de blanc. Le cabernet, le merlot et même la syrah obtiennent de bons

Préservée des destructions, la ville de Lucques, l'une des plus agréables de Toscane, est demeurée presque intacte depuis sa reconstruction, sur ses fondations romaines, à la Renaissance. Elle regarde les sommets des Alpes au-delà de la plaine.

résultats. Mais, à Lucques, les vins blancs des restaurants sont dignes de plus d'attention que ceux de la plupart des autres villes de Toscane.

Lucques est vraiment un lieu béni. Ni grande agglomération ni forteresse perchée sur une colline, la cité est nichée dans une vallée fertile à l'abri de magnifiques remparts ; avec ses rues étroites dessinées comme celles d'un camp romain, elle demeure pratiquement intacte depuis vingt siècles. Longue de 3 kilomètres, la promenade des remparts, à l'ombre d'immenses platanes, offre d'un côté des vues sur l'intérieur de la ville et ses jardins, et, de l'autre, de beaux panoramas sur les contreforts des Alpes. De tout temps, les touristes ont flâné ici, s'émerveillant de la résistance du lieu qui, contrairement à bien d'autres, a su préserver son bien-être, malgré les conflits, les guerres et les désordres. La soie, à quoi Lucques dut sa fortune, et la bijouterie qui, à en juger par ses boutiques, est toujours florissante, en font une cité du luxe.

Les forêts de châtaigniers et de hêtres de Vallombrosa contrastent par leur fraîcheur et leur humidité avec les collines du Chianti, au-delà de l'Arno. Les châtaigniers de Vallombrosa ont longtemps assuré la subsistance des hommes (dans les périodes de disette) et des animaux (dans les temps de prospérité).

Les visiteurs, des curistes pour la plupart, ont laissé de nombreux témoignages de l'hospitalité de Lucques. Montaigne rapporte que, dans son marché aux vins, les étrangers se voient proposer de petits flacons d'échantillons. « Très peu de bons vins », selon notre Bordelais, qui a trouvé les blancs légers, âpres et grossiers, et les rouges épais. Même à cette époque, il valait mieux boire du Montecarlo.

Pour goûter les eaux de Lucques, il faut gagner les collines vers le nord, par des routes tortueuses, pour atteindre Bagni de Lucca, petite source dans une vallée étroite traversée par un torrent. Il est difficile d'imaginer aujourd'hui que de grands personnages d'antan ont fait le voyage et ont même séjourné là pendant des mois. Dans les années 1830 (après la visite de Byron), l'endroit était devenu si à la mode qu'on y a construit le premier casino d'Europe, une élégante petite bâtisse blanche, malheureusement fermée aujourd'hui.

À quelques kilomètres au sud, les vins de Pise et de sa région sont fort peu estimés (à l'exception du Colline Pisane, autre Chianti marginal). Plus intéressants, les blancs doux de Vermentino, sur les premières pentes des Alpes apuanes (DOC de Candia), aux environs de Massa et de Carrare, et, plus haut, en bordure de la Ligurie, commencent tout juste leur carrière ; les Colli di Luni sont capables de donner un Vermentino délicat.

Pecorino
FRESCO
Pecorino
semi-stagionato

Au sud de Florence :
le pays du Chianti

La vieille route qui sort en serpentant de la porte romaine de Florence
et grimpe au sud vers les collines dominant Sienne se nomme
la Chiantigiana. Elle offre un paysage unique : châteaux et villas au
milieu des vignes, oliviers et cyprès sur l'arrière-plan
d'une forêt de chênes sauvages. Tel est le Chianti :
un pays jamais complètement dompté.

FLORENCE
Ponte a Ema
Firenze Certosa
Impruneta
Sant'Andrea
San Casciano
in Val di Pesa
Strada
N
Badia a Passignano
Greve
Tavarnelle
Val di Pesa
Panzano
San Donato
Lamole
Olena
Badia a
Coltibuono
San Gimignano
Radda
Castellina
Gaiole
Castello di Brolio
Ama
Lilliano
Fonterutoli
Colle di Val d'Elsa
Monteriggioni
San Felice
Castelnuovo
Berardenga
0
5 km
SIENNE

Au départ de Florence, deux routes antiques mènent vers le sud. La via Cassia part de la porte romaine ; on peut, comme autrefois Henry James, la gravir à travers les bosquets d'oliviers jusqu'à une villa Renaissance dominant la ville. La tour de Bellosguardo y offre toujours la plus belle des vues, et le palais Pitti, les jardins Boboli, l'Arno et le Ponte Vecchio, le beffroi de Giotto, le vaste Duomo rouge et le baptistère blanc demeurent en pleine lumière du lever au zénith.

La via Cassia longe le monumental monastère chartreux de Certosa di Galluzzo, du XIVe siècle, qui commande l'entrée de la ville, puis elle est remplacée par la nouvelle route de Sienne, étroite et rapide, le Raccordo, qui permet peu d'admirer la vue.

Ce Raccordo marque, *grosso modo*, la limite ouest de la zone du Chianti Classico. Du point de vue viticole, des villages tel Impruneta (fascinant à découvrir, également pour ses terres cuites), au nord de Florence, se trouvent à l'extrémité sud des Colli Fiorentini, qui ont fourni à la ville son vin quotidien à travers les âges. En descendant la via Cassia vers le sud, les premiers villages sont également classés Colli Fiorentini, sauf San Casciano in Val di Pesa, où se trouvait la villa Antinori (détruite pendant la Seconde Guerre mondiale) et où les Antinori ont encore leurs principales caves. C'est tout près, à Sant'Andrea in Percussina, que Niccolo Machiavelli en exil écrivit son traité de gouvernement, *Le Prince*. Ses descendants, les Serristori, gardent son nom vivant avec Ser Niccolo Cabernet et Il Principe Pinot Noir (l'écrivain n'aurait sans doute pas dédaigné ces cépages). Enfin, à Montespertoli, la famille encore plus ancienne des Guicciardini produit toujours l'admirable Chianti Golli Fiorentini dans son Castello de Poppiano.

Cependant, la route du vin la plus attrayante est la via Chiantigiana, qui sort de la ville par le sud-est et serpente au sud vers Sienne, à travers le cœur même du pays

La poterie est l'un des artisanats les plus anciens de Florence et de sa région. Au charme de la visite du village d'Impruneta s'ajoute le plaisir de faire son choix parmi des milliers de jarres à huile, de pots à citron et de toutes sortes d'objets en terre.

Chianti, la zone d'origine du vin de Chianti, qui est maintenant celle du Chianti Classico. La vigne y est rarement une monoculture — ce n'est pas dans les us des Toscans ! Des bois de chênes sauvages couvrent la plupart des innombrables collines et débordent souvent sur la route. Dans les zones dégagées, les bosquets d'oliviers alternent avec les vignobles, généralement reconnaissables à leurs poteaux de ciment. Le temps n'est plus des vignes escaladant avec langueur les ormes et les peupliers, laissant le visiteur étourdi de beauté — ni, d'ailleurs, des touffes d'iris, du blé et des choux poussant sous les oliviers.

La Toscane n'est plus cette région où la vigne grimpait sur les ormes. Dans les années 1970, un vaste programme de plantations a fait naître un nouveau paysage de rangées de vigne régulières. Les nouveaux ceps étaient surtout précoces, avec des cépages médiocres favorisant la surproduction. Les plantations actuelles sont très soignées et ont donné une certaine monotonie à cette contrée, qui y a perdu un peu de sa fascinante beauté.

Cependant, l'esprit du pays, du Chianti, reste présent dans un paysage encore largement sauvage. De colline en vallon, là où des rangées de cyprès noirs annoncent des habitations, le château fait écho au château, la villa à la villa, et le village au village.

Il est presque impossible de définir aujourd'hui le caractère du Chianti Classico — surtout celui des meilleurs producteurs, qui, depuis longtemps, ont rejeté la vieille formule consistant à émasculer le vin avec du raisin blanc, ce qui le rendait surtout astringent. Cette astringence est toujours là, ou devrait l'être : le sangiovese, cultivé sur les limons lourds des sols d'altitude du Chianti, garde sa forte acidité et ses tannins râpeux. Certains vignerons, fidèles au seul sangiovese, ont planté des clones à faible rendement qu'ils conduisent jusqu'à une maturité pleine de rondeur. D'autres ajoutent les notes gracieuses du cabernet ou du merlot, et souvent du chêne français, pour satisfaire les amateurs étrangers. Les vieilles (et coûteuses) Riservas sont tout spécialement

La villa Renaissance de Vignamaggio est l'une des plus belles, des plus anciennes et des plus sophistiquées de la région reculée du Chianti. Mona Lisa Gherardini, que la postérité connaît sous le nom de Mona Lisa, y naquit en 1479.

concernées par ces attentions œnologiques. Mais on a souvent autant de plaisir à boire un vin courant issu d'une bonne maison — ce type de vin chaleureux, vif, agréablement râpeux, pas trop fruité et pas du tout marqué par le chêne, que l'on sert à table en Toscane.

La ville-rue de Strada marque la limite nord de la zone du Classico. Ici, la route commence à monter, boisée et sauvage, vers des hauteurs offrant une vaste vue sur des villages indistincts dans la brume, puis descend entre les châteaux perchés, Vicchiomaggio à droite, Uzzano à gauche, dans la vallée de la Greve. Au fond de celle-ci, parmi des rangées de peupliers, la petite ville de Greve in Chianti est célèbre pour sa place du marché en forme d'entonnoir et bordée de portiques, qui attirait, à la Renaissance, les marchands de vin florentins venus acheter le Chianti de l'arrière-pays. Au sud, cachée dans les collines, se trouve la majestueuse villa Renaissance de Vignamaggio, qui, au XIIIe siècle, vendait du Chianti blanc

À Greve in Chianti, la piazza *entourée de portiques a servi pendant des siècles de marché pour les vins de Chianti, sur la route de Florence. Le héros local, explorateur de l'Hudson, Giovanni da Verrazzano, dont le nom est connu de tous les New-Yorkais, y est présent par sa statue de bronze.*

La famille Falozni est réputée bien au-delà de la Toscane pour sa macelleria *qui produit, sous les portiques de Greve, les meilleurs* prosciutto *et autres charcuteries de toute l'Italie.*

au marchand de vin du Prato — et qui est la maison natale de Mona Lisa Gherardini.

Aujourd'hui, les meilleurs vins de Greve — la liste en est longue — viennent des châteaux de Vicchiomaggio et Querceto, de Verrazzano (l'explorateur de la rivière Hudson a sa statue sur la place du marché de Greve), de Ruggero et aussi des *fattorie* de Nozzole (propriété de la famille Ruffino), de La Querciabella, de Carpineto, de Vecchie Terre di Montefili — et à nouveau de Vignamaggio. On ne peut définir un caractère spécifique pour ces propriétés dispersées sur des sols variés, mais le climat est ici plus froid qu'au sud, et le sol souvent plus léger. Les vins de cette région du nord du Chianti passaient autrefois pour être moins forts et se garder moins longtemps que ceux du sud, quoiqu'ils fussent capables d'offrir de beaux arômes, de violette pour les uns, de poudre de rhizome d'iris florentin pour les autres. De telles investigations n'ont plus guère de sens alors que les producteurs, expérimentant à tout va, mettent souvent davantage l'accent sur leurs vins non traditionnels. On y trouve des réminiscences inattendues de Bordeaux et de Côtes-du-Rhône.

Pour explorer plus à fond le pays du Chianti, il faut préférer aux grandes voies les étroites « routes blanches », les *strade bianche*. Même quand elles sont goudronnées, la vitesse limite, à 30 km/h, paraît bien excessive. On y passe de l'éblouissement des oliviers argentés au sombre tunnel des cyprès et des sapins, frisant des précipices sans parapet, distrait à tout instant par une échappée sur un vignoble ou un bourg perché sur sa colline plantée d'arbres, et l'on s'effraie, à chaque virage, de voir une Fiat voltiger au milieu de la route.

Des routes étroites mènent vers l'ouest, de Greve à l'abbaye de Badia a Passignano, aussi grande qu'un village, aussi haute et fortifiée qu'un château ; c'est l'un des grands établissements fondés par les moines de Vallombrosa. La famille Antinori, dont la propriété de Santa Cristina est proche, a loué Passignano dans les années 1980, alors qu'il n'y restait qu'une poignée de moines, et restauré les cuves et les caves pour élaborer du Chianti classique. À Santa Cristina, dans les années 1970, les Antinori ont fait leur révolution en rompant avec les règles de fabrication du Chianti pour produire les grands Toscans d'aujourd'hui, le Tignanello et le Solaia.

En suivant, au sud, la Chiantigiana, on grimpe de nouveau vers un site remarquable, le village de Panzano, surplombant une vallée profonde constellée d'oliveraies brunes et argentées et de vignobles de velours vert. On y trouve l'excellent domaine de Fontodi (célèbre aussi pour la syrah) et le Castello dei Rampolla (où domine le cabernet). Plus loin, à l'ouest de Panzano, vers le Raccordo, les hameaux autrefois déserts d'Isole et d'Olena abritent des domaines parmi les plus beaux et les plus réputés du Chianti. Ici aussi, la syrah rivalise avec le sangiovese. En quittant la Chiantigiana sur la gauche, au sud de Greve, on suit la petite rivière jusqu'à sa source, après Vignamaggio (la maison natale de Mona Lisa n'est pas accessible, mais il y a un hôtel dans le parc), jusqu'au village de Lamole, autre site historique du Chianti. Si le vin de Lamole n'est plus au premier plan, le hameau de pierre, les vignes et les ravins boisés représentent toujours une image d'Épinal de la région.

De plus en plus blanche et sinueuse, la route grimpe dangereusement, parmi les bois de chênes, sur le Monte Querciabella, avant de descendre vers le hameau perché de Volpaia, point le plus élevé de la commune de Radda. Castello di Volpaia est le nom du domaine, qui abrite ses installations dans les maisons d'un authentique village médiéval. À 600 mètres d'altitude, ses vignobles donnent des vins plus célèbres pour leur finesse que pour leur corpulence. D'aucuns voient dans leur arôme et leur fermeté l'essence même du Chianti.

Les barriques toscanes traditionnelles, destinées au stockage et à l'élevage du vin, sont trop grosses pour être déplacées. Aujourd'hui, dans les chais toscans, on utilise de plus en plus la petite barrique bordelaise, moins imposante et plus maniable, qui donne au vin son arôme de chêne français.

HL 21
HL 22
CHIANTI
CLASSICO
1996
R/S

Badia a Passignano est l'une des belles maisons filles de la grande abbaye de Vallombrosa. Fondée en 1049 au cœur du vieux Chianti, c'est maintenant l'une des cantine *Antinori, et l'on peut la visiter.*

Radda et les villages à flanc de colline de Castellina à l'ouest et de Gaiole à l'est constituent le véritable cœur de la région. Tous trois formèrent la Lega del Chianti pour défendre les frontières de Florence contre Sienne. Au nord et au sud de leurs positions élevées se trouve la plus grande concentration de domaines du Chianti. C'est peut-être Gaiole qui joua le rôle de leader historique, en tant que lieu de résidence ancestral, depuis le XIIe siècle, de la famille Ricasoli. C'est à Brolio que l'austère baron Bettino Ricasoli, qui devait devenir Premier ministre de l'Italie unifiée (dont la capitale fut brièvement Florence), s'efforça, dans les années 1840, de créer un modèle parfait pour le Chianti.

Ricasoli, au moins avant d'être appelé à ses fonctions d'homme d'État, se montra le propriétaire le plus déterminé de tous ceux qui s'attachèrent à réformer leurs

domaines improductifs. Il restaura son austère château de brique de style siennois sur ses remparts en pierre du XVe siècle et voyagea en France et en Allemagne pour étudier les vins. Mais, plutôt que d'importer de nouvelles variétés, ce fier Toscan choisit les trois meilleurs cépages de la région. « Le Chianti, écrit-il, puise l'essentiel de son bouquet (que je recherche avant tout) dans le sangiovese, sa douceur dans le canaiolo, qui tempère la rudesse du premier… tandis que le malvasia le rend plus léger et plus adéquat à sa consommation en vin de table. » De fait, le sangiovese, astringent, est arrondi par le canaiolo (ou encore par le cabernet). Mais l'addition de malvasia (blanc) pour l'usage en vin de table fut surtout un prétexte pour allonger le Chianti avec du Trebbiano, nettement inférieur.

Les noms de Ricasoli et Brolio devinrent synonymes du meilleur Chianti durant un siècle. Mais ce fut une triste période pour la Toscane : la pauvreté et la maladie de la vigne entraînèrent les *contadini* à un exode tel que le domaine de Brolio absorba 300 petites exploitations environnantes, avec leurs vignes délaissées et leurs chaumières tombant désespérément en ruine.

Aujourd'hui dirigé par le baron Francesco Ricasoli, Brolio se relève. La région n'a jamais été aussi prospère. Rien qu'à Gaiole, une demi-douzaine de domaines sont au meilleur niveau du Chianti, depuis la belle abbaye de Vallombrosa, dans sa forêt, à Badia a Coltibuono (ses vignobles sont à Monti, un endroit bien plus chaud a sud de Gaiole), jusqu'au Castello di Ama, moderne et dynamique — et du petit Riecine, fondé comme une gageure par un Anglais, en 1971, en pleine période de dépression industrielle, jusqu'à une coopérative de producteurs de Chianti de première classe appelée Chianti Geografico.

Au sud de Brolio, Gaiole s'arrête là où commence Castelnuovo Berardenga — le coin sud-ouest de la zone du Classico, à la limite de Sienne et du champ de bataille de Monteaperti où, en 1260, Sienne écrasa l'envahisseur florentin. Les deux domaines les plus remarquables de Castelnuovo sont Felsina, dont le Sangiovese est encore plus prisé que le Chianti Classico, et le très fleuri San Felice, où un village entier a été joliment restauré, à la fois comme *cantina* et comme station estivale. Le paysage est ici plus doux et plus amène — les routes elles-mêmes sont peut-être moins tortueuses qu'autour de Radda et Panzano. Quelle que fût la position de Florence autrefois, cette province de Sienne est bien la plus riche en vin de toute l'Italie (à l'exception éventuelle de celle d'Albe et des collines Langhe, au Piémont, avec leurs vignobles de nebbiolo).

Dans la campagne au nord de Sienne se pressent châteaux et *fattorie* : Castellina, au sommet d'une colline (mais sa principale caractéristique est un silo en béton), est le centre de cette zone surtout réputée pour le domaine historique des Mazzei, à Fonterutoli, au bord de la Chiantiqiana, vers le sud, pour le beau Castello di Lilliano, tout près, et pour les domaines de Bibbiano, Castellare, Villa Cerna, Nittardi, Rocca della Macie, San Fabiano... Les meilleurs producteurs du sud-ouest de la zone du Classico, en vue des murs de Sienne, comptent parmi les plus novateurs de toute la Toscane.

Le château de Brolio, au-delà des parterres de ses remparts, regarde vers le sud, vers la vallée de l'Arbia et vers Sienne, à l'horizon. C'était une forteresse de la Lega del Chianti, ligne de défense de Florence au XIIIe siècle.

Francesco Ricasoli a été le maître d'œuvre de la renaissance des vins de Brolio, le plus imposant des nombreux châteaux du Chianti, propriété de sa famille depuis neuf cent cinquante ans. Dessiné par Sangallo au XVe *siècle, ce bâtiment a été reconstruit en brique quatre siècles plus tard, sur d'anciennes fortifications de pierre. Dans la continuité, les époques se télescopent.*

Le château de Brolio restera comme le lieu de naissance du Chianti moderne. Dans les chambres austères des étages supérieurs, le baron Bettino Ricasoli a travaillé à sa recette des vins de la région dans les années 1840. Cet aristocrate ascétique et filiforme devait devenir le leader de la Toscane pendant le Risorgimento, puis le premier Premier ministre de l'Italie unifiée.

De l'autre côté du val d'Elsa, à l'ouest, se trouve San Gimignano. Mais pourquoi, ici, le vin rouge est-il soudain supplanté par le blanc ? Parce que l'argile du Chianti est remplacé par le grès ? Pour tout ce qui concerne le vin, la tradition joue un rôle déterminant, et San Gimignano élabore depuis la nuit des temps son jaune Vernaccia — du moins, il fut jaune... Le vernaccia est un cépage local à peine plus intéressant que le trebbiano. Il doit sa réputation ancienne à des vins qui se rapprochent du Xérès, relativement forts et oxydés car trop longtemps conservés en barriques — comme d'ailleurs beaucoup de blancs italiens avant la mode des vins clairs comme de l'eau et très secs, sans trace de fruit et sans aucune possibilité d'évolution.

Cette nouvelle manie a touché San Gimignano et aurait pu entraîner le Vernaccia dans l'oubli, n'était la beauté de la ville, qui doit sa réputation à ses tours carrées et à sa cathédrale du XIIe siècle.

Badia a Coltibuono est une autre maison fille de l'abbaye de Vallombrosa, sécularisée par Napoléon. Aujourd'hui domaine vinicole privé, son jardin classique et enclos et les vieux millésimes de ses magnifiques caves lui donnent charme et séduction.

1944
1957
1959
1941
1958
1945
1940
1942
1949
1966
1964
1965
1967
1968
1969

Car ces monuments médiévaux attirent les touristes par milliers. Il reste une douzaine de tours sur les soixante-dix qui devaient, autrefois, offrir un spectacle saisissant. Les murs de la ville ont été construits au XIIe siècle, et les tours peu après. Mais on comprend mal pourquoi les gens d'ici ont bâti en hauteur, au lieu d'agrandir la cité. Leurs ennemis étaient-ils si braves et si dangereux, dans une période il est vrai difficile ? La culture du safran, à la fois comme épice et comme teinture jaune de qualité, a fait la prospérité de San Gimignano — où elle a d'ailleurs été réintroduite récemment. Les tours ont servi, dit-on, d'entrepôts pour les précieuses pièces de drap jaune. Mais l'énigme demeure tout de même…

Au cours du temps, le Vernaccia a changé, trop souvent par l'ajout d'un goût de chêne jeune, plutôt que vieux. Teruzzi e Puthod est moderniste, Montenidoli traditionaliste, et la Fattoria di Cusona du prince Strozzi donne de bons exemples des deux écoles. Les vins rouges, cependant, gagnent du terrain sur les blancs, même à San Gimignano.

Le village de San Felice est à la fois producteur de vins de haute volée et lieu de villégiature. Ses maisons et balcons fleuris et ses rues envahies de touristes font oublier l'austérité de la Toscane rurale.

Les 13 tours restantes de San Gimignano (il y en avait 70 à l'origine) évoquent les guerres de jadis. La réputation de cette région de vignobles de vernaccia blanc s'est améliorée ces dernières années. La plupart des vignerons, cependant, sont au moins autant intéressés par la production de vin rouge.

La mystérieuse forteresse de Monteriggioni (ci-contre) attire l'œil des automobilistes qui filent sur le Raccordo reliant Florence à Sienne. Le mystère, c'est que ces formidables murs n'auraient abrité qu'un modeste village, avec autant de potagers que de maisons. L'ascension depuis la route est récompensée par un bon restaurant.

Sienne et le Sud

Sienne relie le Chianti à un autre monde viticole : les hautes terres dénudées, au-dessus des champs de blé et des pâturages, faiblement peuplées, avec seulement quelques villes au sommet des collines. Montalcino et Montepulciano ressemblent à des capitales indépendantes veillant sur l'immensité du val d'Orcia.

SIENNE
N
Abbaye de Monte
Oliveto Maggiore
Chiusure
Buonconvento
Montepulciano
Pienza
San Quirico
Montalcino
Ombrone
Sant'Antimo
Sant'Angelo
Poggio
alle Mura
Orcia
Radicofani
0
5 km
Mont Amiata

Reste-t-il en Europe une ville plus parfaitement médiévale que Sienne ? Cette cité a forgé sa personnalité plus tôt que Florence, construit ses bâtiments de brique, avec intransigeance, en pur style gothique, et vu sa prospérité se tarir avant que la Renaissance ait pu imprimer sa gaieté sur son architecture. Ses rues étroites, entre des palais de six étages, sont manifestement inadaptées à la vie moderne.

Au début du XIVe siècle, à son apogée, Sienne était une place bancaire plus importante que Florence. Le nom de la banque Monte dei Paschi — la plus ancienne du monde — évoque les bergers gardant leurs troupeaux sur les collines ; le « Monte » désignait les tas d'or entassés dans les caves. Au Palazzo Pubblico, la fresque du *Bon Gouvernement*, par Ambrogio Lorenzetti, donne une image de l'éclat éphémère d'une république éclairée, avant qu'elle ne soit décimée par la peste noire. Le palais lui-même, aux proportions parfaites, flanqué d'une tour plus gracieuse que sa rivale de Florence, semble symboliser un rare moment d'harmonie au milieu de plusieurs siècles de chaos.

Comment croire que le célèbre Campo en forme de coquillage fut achevé et pavé à la même époque, il y a environ 700 ans ? La division de son pavage de brique en éventail à neuf branches représente le Conseil des Neuf, le meilleur gouvernement que la cité ait jamais connu. Un visiteur du XVIe siècle a raconté que la messe était dite chaque jour à l'extérieur du Palazzo Pubblico, tandis que les habitants vaquaient à leurs achats ou bavardaient dans les tavernes, et qu'une trompette appelait au silence dans les moments solennels. Aujourd'hui, bien sûr, le Campo est célèbre de par le monde pour sa course de chevaux, le *palio* qui a lieu en été et où les *contrade*, les paroisses séculaires, s'affrontent dans une course toujours très âprement disputée.

Sienne est la capitale toscane du vin. Bien que l'austérité de ses rues n'en témoigne guère, la province assure l'essentiel de la production de Chianti Classico et toute

La Torre del Mangia, sur le Palazzo Pubblico de Sienne, contemple la Piazza del Campo, vieille de 700 ans, et la campagne alentour sur une grande distance. On la voit très distinctement du haut des collines du Chianti.

VICOLO
DEL CONTINO

celle du Montalcino et du Montepulciano. San Gimignano fournit le vin blanc. Tout cela est détaillé dans la puissante forteresse de brique nue des Médicis, qui fait office d'*enoteca* la plus instructive de toute l'Italie.

Une dégustation de Chianti sous ses arches ne permet pas toujours de distinguer entre les vins des sept régions de la province. Un Chianti Colli Pisane version Pise, goûté ici, était pâle et léger ; un bon Colli Senesi était fruité, mais sec ; le Chianti d'Arezzo, le Colli Aretini, était moins astringent, bien fruité et assez long en bouche; le Colli Montalbani était rond et doux, avec une note balsamique ; le Colli Fiorentini était épanoui et chaleureux, astringent, avec une touche de châtaigne ; enfin, un Chianti Classico à maturité, fleuri, avec une pointe de tabac, offrait une texture crémeuse cédant la place à l'habituelle astringence finale. Cela va sans dire, le résultat dépend au moins autant du producteur et du millésime que de la zone.

Au sud de Sienne, tout change. Même si l'appellation Chianti Colli Seresi s'y étend, c'est une terre bien différente, sans l'enchevêtrement de cultures et de forêts du Chianti. On découvre de vastes étendues de pâturages et de labours, et les troupeaux de moutons font tinter leurs clochettes dans un pays de fermes isolées dépourvue de clôtures.

Au sud-est apparaît un paysage rebutant, un sol blanc craquelé et raviné. Montaigne décrit « une plaine dévastée par d'horribles crevasses ». Le ruissellement a érodé la craie pour former ces *crete* caractéristiques.

Marquante dans le vide du paysage, l'abbaye de Monte Oliveto Maggiore, du XIVe siècle, avec ses cyprès noirs et ses briques roses, abrite les chefs-d'œuvre des peintres siennois Signorelli et Sodoma. De la même époque, les bas remparts de brique de Buonconvento protègent la via Cassia, vers Rome. Rien ne semble avoir changé depuis le Moyen Âge.

Toutefois, vers le sud, une rangée de collines s'élève vers Montalcino et se prolonge au-delà, jusqu'à un sommet plus élevé, le mont Amiata ; ce dernier sert de point de repère à toute la région, sa calotte de nuages estivale étant visible de Cortona jusqu'à la côte.

Montalcino est une forteresse naturelle. Le lieu a servi de retraite aux Siennois après la prise de leur ville par Charles Quint. On l'a comparé à Saint-Émilion, au moins pour les rues en pente et les volées de toits de tuiles. Soudain, on est de nouveau au pays du vin et, qui plus est, du boom du vin, où les restaurants et les *enoteche* proposent des bouteilles à prix exorbitant aux touristes de tous les pays. Dans les dernières années du XXe siècle, le Brunello di Montalcino a surpassé le Chianti en réputation.

Cette partie méridionale du complexe du Chianti présente un climat plus chaud que celui des collines du Chianti proprement dit. Les vignobles pentus du Montalcino (qui forment à peu près une pyramide) varient par l'aspect et l'altitude. Les plus hauts atteignent 500 mètres, et le raisin y mûrit donc plus tard. Plus bas, sur la route de Buonconvento, près de Montosoli, et surtout au sud, dans le large val d'Orcia, où l'altitude tombe à 150 mètres, un microclimat chaud permet une matu-

rité précoce. Nous ne sommes qu'à 50 kilomètres de la mer, et la masse brumeuse du mont Amiata détourne efficacement les tempêtes orageuses.

Ces vignobles privilégiés ont été depuis toujours consacrés au Moscadello, un muscat fort et doux réputé jusqu'à Londres au XVIIIe siècle et qui a conservé son importance au XXe. Le vin rouge, produit à partir d'un clone de sangiovese appelé brunello, avait plus de corps que le Chianti, même étendu de raisin blanc selon la pratique propre à ce vin. Ce sangiovese avait toute l'astringence des tannins de sa race, mais se montrait potentiellement plus riche et même plus parfumé.

Alors que le Chianti a eu son baron Ricasoli (réformateur de la production vinicole, qui devait devenir Premier ministre de l'Italie), Montalcino a eu son champion en la personne de Ferruccio Biondi-Santi : ce dernier, après avoir été volontaire aux côtés de Garibaldi, est rentré au pays pour reprendre l'exploitation viticole de son grand-père, Clemente Santi. Dans le domaine familial, Il Greppo, accroché au flanc est du Montalcino, à une altitude de 500 mètres, il a expérimenté un clone de brunello sélectionné par ses soins, taillant la vigne très court et — incongruité pour l'époque — récoltant le raisin à pleine maturité.

Vers 1880, avec l'aide de son fils Tancredi, il a créé un vin complètement différent, robuste, aromatique et, surtout, de longue garde. Ils l'élevaient cinq ans en grosses barriques de chêne slave, puis le conservaient en bouteille plusieurs décennies. Toutefois, pour ce qui concerne ce vin, les Biondi-Santi ne péchaient pas par modestie — les prix qu'ils pratiquaient le démontraient suffisamment.

Aujourd'hui, au bas d'une sombre allée de cyprès centenaires, le domaine Il Greppo a quelque chose de l'allure austère d'un grand château de Bordeaux. Franco, le fils de Tancredi, est un gentleman de la vieille école.

Comme la batterie en musique, les cyprès donnent au paysage toscan son rythme, qui devient parfois plus pressant, plus rapide et plus spectaculaire. L'avenue qui conduit au domaine Biondi-Santi d'Il Greppo est un roulement de tambour immédiatement identifiable.

Le domaine vinicole de Castello di Argiano domine le val d'Orcia depuis les collines au sud de Montalcino. Plus bas dans la vallée se trouvent les installations viticoles ultramodernes de Castello Banfi.

Près du bassin circulaire, au milieu du jardin, il fait tranquillement remarquer que l'on se trouve précisément sur l'axe formé par quatre villes-collines : Montalcino, San Quirico d'Orcia, Pienza et, plus à l'est, Montepulciano. Puis il revêt une longue cape et s'arme d'une canne pour vous entraîner dans ses chais, afin de vous faire admirer les joyaux du domaine, preuve de sa noblesse : quelques bouteilles rescapées des millésimes 1888 et 1891. Chaque fois que l'une d'elles est débouchée, les dégustateurs jurent que le breuvage, tout éprouvé qu'il soit, reste un grand vin. Peu de régions vinicoles au monde ont su maintenir une réputation sur une base aussi ténue. On peut citer le Constantia du Cap, mais, à la différence de ce dernier, Il Greppo a été produit sans interruption, et la faible récolte a suffi à pérenniser le renom de ce producteur, même dans les

La silhouette imposante du mont Amiata domine tous les panoramas du val d'Orcia. En été, les orages qui éclatent souvent sur son sommet nuageux donnent à ses forêts une fraîcheur moussue contrastant avec la sécheresse de la vallée ensoleillée.

années 1960, quand il ne restait plus que 85 hectares de brunello dans toute la région de Montalcino.

On a replanté à partir des années 1970. Le vignoble, qui s'étendait sur près de 1 200 hectares vers 1990, en compte aujourd'hui 1 500. Il Greppo a été imité par deux pionniers : la Fattoria dei Barbi et Colle al Matrichese. Mais, quand de plus gros investisseurs sont arrivés, ils ont trouvé des terres à de meilleures conditions au sud, dans le val d'Orcia, au-dessus de la légendaire route des contrebandiers, le *passo di luce spente*, le « défilé des lumières éteintes ».

La révolution est arrivée avec l'achat, dans les années 1970, de plus de 3 000 hectares, dans le secteur de Sant'Angelo Scalo, par Villa Banfi. Le plus gros importateur américain de vins italiens montrait là sa totale confiance en son œnologue, Ezio Rivella, natif du Piémont comme Giacomo Tachis. Le bulldozer a remodelé et transformé en vignobles rationnels quelque 800 hectares d'anciens terrains agricoles et de friches.

Le nouveau visage de la Toscane est incarné par Castello Banfi, vaste domaine fondé dans les années 1970 par les frères Mariani de New York. Leur château restauré de Poggio alle Mura domine une campagne vinicole complètement remodelée.

L'abbaye romane de Sant'Antimo, longtemps négligée, dans une tranquille vallée au sud de Montalcino, est de nouveau habitée, par des moines de Normandie.

En outre, le propriétaire a fait construire des installations dans le style californien et restauré le château médiéval de Poggio alle Mura — rebaptisé Castello Banfi —, pour l'inaugurer en grande fanfare, avec lancer de drapeaux.

Curieusement, Rivella projetait de faire de Brunello une exploitation de second plan. Il était convaincu que, dans le val d'Orcia, les conditions étaient idéales pour tous les cépages, du cabernet au pinot noir et du pinot grigio au moscadello. Il a tenté de concurrencer le Moscato d'Asti avec un mousseux doux et léger destiné au marché américain, tout en expérimentant des vins « sérieux ». Mais les vins rouges l'ont bientôt emporté, et il a même beaucoup planté en brunello, qui demande du temps.

D'autres grands investisseurs sont apparus dans les années 1970 : Cinzano au col d'Orcia et à Sant'Angelo, et Frescobaldi à Castelgiocondo, une forteresse sur une crête, à l'ouest, où ce producteur, associé à Robert Mondavi, élabore aujourd'hui des assemblages de brunello et de merlot sous le nom de Luce et Lucente. Car même les producteurs de brunello, dont certains sont connus de San Francisco à Sydney, sont devenus des adeptes de l'assemblage de ces vins d'un nouveau type. Comme on avait enrichi le Chianti, un peu maigre, avec du cabernet, on associe de plus en plus et tout naturellement du merlot au Brunello, charnu et tannique.

La réglementation sur la DOC, pour le Brunello, exige aussi un vieillissement de deux ans en barrique et deux de plus en bouteille (contre quatre en barrique auparavant). Certains, craignant un investissement à si long terme, optent pour le déclassement d'une partie de la récolte dans la DOC moins cotée de Rosso di Montalcino, vendue après douze mois, plus fruitée, plus gouleyante — que bien des gens préfèrent.

Actuellement en plein essor, la ville de Montalcino, sur sa colline, a connu autrefois une certaine prospérité. La Fiaschetteria 1888 *(ci-dessus) offre tous les éléments du confort bourgeois de l'époque des crinolines, chapeaux melons et chaînes de montre.*

Pour découvrir les nombreuses étiquettes du Montalcino moderne, il faut aller à l'*enoteca* de la grande et grise *fortezza* qui abrita les Siennois. Vous pourrez siroter l'inégal Moscadello à la Fiaschetteria 1888, dans l'étroite grand-rue. Vous vous émerveillerez qu'un pareil bijou Belle Époque — velours rouge, miroirs dorés et tables de marbre — ait trouvé place dans cette citadelle isolée longtemps avant l'apparition du Brunello... Il faut en rendre grâce à Clemente Santis.

La *strada bianca* de Castelnuovo dell'Abate est la seule route qui suive l'Orcia, depuis les deux Sant'Angelo (Scalo et in Colle), où pullulent les producteurs de Brunello (Banfi, Col d'Orcia, Argiano, Campogiovanni, Il Poggione, Talenti) vers l'est. Elle serpente à travers une campagne sauvage et offre une vue magnifique sur la vallée avant d'atteindre l'un des plus beaux sites de Toscane, l'abbaye de Sant'Antimo.

Qu'elle ait ou non été fondée par Charlemagne, et bien qu'elle ait été désertée par les religieux pendant cinq siècles, elle garde l'aura du sacré, et la lumière semble pénétrer au cœur même de ses murs et de ses piliers romans. Des moines français l'ayant heureusement réhabilitée, les chants grégoriens sanctifient, matin et soir, la paisible vallée, ses pâturages et ses oliviers.

Faute de route vers l'aval, il faut ensuite soit retourner à Montalcino, soit traverser l'Orcia vers le mont Amiata (ou encore prendre à travers bois dans la fraîcheur des châtaigniers et des hêtres) et repasser la forteresse de Rocca d'Orcia pour retrouver la via Cassia, afin de revenir à San Quirico. Près du village de Bagno Vignoni, où la via Cassia traverse la rivière, les Médicis ont construit un établissement auprès de sources chaudes. En Toscane, on n'est jamais loin d'un cours d'eau souterrain.

À San Quirico, il faut prendre à l'est, en montant, vers Pienza, la petite ville modèle bâtie par un homme considéré comme l'ornement de son époque, Enea Silvio Piccolomini.

À mi-pente de la colline de la jolie ville fortifiée de Montepulciano, le sublime chef-d'œuvre d'Antonio da Sangallo, l'église de San Biagio, a été consacrée par un pape Médicis en 1529. C'est une sonate architecturale, un sanctuaire dont on ne se lasse pas.

C'était l'homme de la Renaissance par excellence : habile diplomate (il fut l'envoyé du pape en Écosse, qu'il trouva inconfortable, et fut emprisonné comme espion à Londres), parlant plusieurs langues, ami d'artistes et mécène, figure la plus respectée de Sienne et finalement pape sous le nom de Pie II. C'est en tant que pontife qu'il rebâtit son village natal, avec un sens de la composition qui confine au génie. Son palais, près du Dôme, est un modèle de la Renaissance, orné d'un jardin et d'une *loggia* de trois étages, très gracieuse, qui surplombe le val d'Orcia au-dessus des murs de la ville.

À l'horizon, outre le mont Amiata, on remarque la citadelle de Radicofani, haut perchée sur son rocher, prochaine étape sur la route de Rome. La belle auberge des diligences, construite en pierre par les Médicis, a été décrite par maints voyageurs, de Diderot à Horace Walpole et Casanova, comme un lieu humide, plein de courants d'air et de vermine, où des serviteurs filous servaient une nourriture infecte. Pour Dickens, c'était « un avant-goût de l'enfer ». Elle n'existe plus, mais la forteresse est devenue un fascinant musée consacré à son histoire depuis les Étrusques jusqu'à la Seconde Guerre mondiale.

Les ciels du val d'Orcia ont quelque chose de théâtral. Les orages d'été s'accrochent à l'Amiata ou courent vers l'est et les Apennins, formant une sombre toile de fond aux villages dorés sous le soleil. Montepulciano est la dernière ville perchée avant l'ample Val di Chiana et son *autostrada*. Autrefois stratégiquement vitale, elle est toujours protégée par ses remparts. En arrivant de Pienza, on est tout à coup saisi par l'émotion : au pied de la colline, une église de pur style Renaissance semble abandonnée dans les champs, son dôme couleur miel et son beffroi s'élevant parmi les oliviers argentés et les noirs cyprès.

Les collines sauvages et boisées alternent avec les vignobles et les oliviers sur la route de Montalcino à Montepulciano, qui passe par San Quirico et par la parfaite miniature Renaissance de Pienza, avec son Palazzo Piccolomini (ci-dessus).

Le vin de Montepulciano bénéficie de l'appellation spécifique Vino Nobile. Mais personne ne sait exactement pourquoi. Le nom n'est ni très ancien ni très précis. Il n'y a pas si longtemps, on faisait ici l'Aleatico rouge, aujourd'hui confiné pour l'essentiel à l'île d'Elbe. Ce nom aurait peut-être été justifié à l'époque où l'on préférait les vins doux. Cependant, la recette du Vino Nobile du XXe siècle était semblable à celle du Chianti (nous sommes toujours dans la zone des Colli Senesi), mais avec un clone local du sangiovese, le prugnolo gentile — dont le trait principal semble être la dureté dans sa jeunesse.

Pour justifier le nom de l'appellation, la maison des Avignonesi a entrepris un travail sérieux dans les années 1970 ; elle est installée dans un petit *palazzo* où du Vin Santo (délicat, fumé, aux arômes d'orange) se bonifie sous les toits de tuiles. Contucci (dans un autre *palazzo* de la ville) et Fanetti ont été les premiers producteurs notables. Ils ont été rejoints par Poliziano (du nom du poète de la Renaissance, un natif), Boscarelli,

Trerose, Fassati et, récemment, Antinori et Ruffino, les choses s'accélérant depuis l'élimination des additifs de style Chianti, la maîtrise du prugnolo et l'entrée en jeu du cabernet et du merlot. S'il est vraisemblable que le Vino Nobile n'aura jamais le caractère du Brunello di Montalcino, les meilleurs vins sont des rouges sérieux qui se gardent plusieurs années. À longue échéance, le Vino Nobile sera peut-être supplanté par les nouveaux vins exotiques de Toscane.

Les vignobles de Montepulciano sont établis sur des pentes à l'est, vers la Chiana, et à l'ouest, au-delà de la rivière. Le climat est relativement plus chaud et le sol plus léger que dans le Chianti et à Montalcino — facteurs qui encouragent l'expérience d'autres cépages, surtout des variétés de Bordeaux, et, plus étonnant, de cépages blancs. Bianco Vergine Valdichiana est le joli nom d'une DOC strictement réservée à un blanc aimable.

Au sud de Sienne, dans de paisibles pâturages ondulés, se dresse soudain un relief volcanique de roches calcaires crevassées, connu sous le nom de crete, *qui semble résulter de violentes secousses du sous-sol.*

Cependant, Avignonesi produit des vins blancs plus intéressants de chardonnay et sauvignon blanc (et, en outre, s'étend à l'extérieur de la DOC, dans la province voisine de Cortona).

Néanmoins, au fond du sauvage val d'Orcia, près de Sarteano, et loin des vignobles traditionnels, l'un des producteurs les plus novateurs de nouveaux vins toscans, la Tenuta di Trinoro, offre des vins rouges somptueux, presque de style Napa, en Californie. Une DOC Val d'Orcia a même été créée en son honneur.

À proximité, dans un modeste restaurant sans carte, sur une pente du mont Amiata surplombant le val d'Orcia, j'ai découvert la plus sublime des cuisines toscanes. La fête a commencé par une délicieuse *zuppa di verdura* et son filet vert doré d'huile d'olive, qui, loin de rassasier, prépare au *tre* de pâtes : non pas trois, mais quatre plats différents, apportés l'un après l'autre sur la table dans de grandes coupes blanches. D'abord, les *tortelli* farcis d'épinards et de ricotta au lait de brebis, puis les *ravioli* aux champignons des bois, suivis des *pappardelle* aux petits artichauts et des *lasagne* gorgées de sauce épaisse à la viande. Le tout servi simplement et benoîtement par la fille de la maison, comme si l'hospitalité n'exigeait pas moins.

Il n'y avait même pas de vin blanc, mais l'endroit est assez proche de Montepulciano pour que le vin maison, servi dans une cruche en terre, fût un rouge jeune et nerveux, fruité et vaillant, rinçant joyeusement le palais.

L'énorme côtelette d'un blanc de lait provenait d'un porc qui, à l'évidence, n'avait pas connu l'effort : elle fondait entre langue et palais. Et puis la *panna cotta*, le Vin Santo, le café fort et chaud au parfum de bazar, la grappa... Et ces Toscans d'aujourd'hui qui voient là une nourriture de paysan !

La côte toscane et la Maremme

Enfin, voici la côte, paradoxalement la région de vin la plus reculée de Toscane. Ici, pas de grande tradition ; mais, un peu partout le long de la côte et dans l'arrière-pays, au cœur du vieux territoire des Étrusques, apparaissent des vins révolutionnaires. C'est le Nouveau Monde toscan.

Bolgheri
Castagneto Carducci
Suvereto
Campiglia Marittima
Massa Marittima
Piombino
Follonica
Portoferraio
Vetulonia
ÎLE D'ELBE
Porto Azzurro
Punta Ala
Bruna
Grosseto
Ombrone
Monti dell'Uccellina
Scansano
Saturnia
Montiano
Pereta
Sorano
Sovana
Pitigliano
Magliano in Toscana
Alegna
Manciano
Porto Santo Stefano
Orbetello
Mont Argentario
Porto Ercole
Giglio
N
0
20 km

Un petit tour dans le passé, même récent, de la Toscane et de ses vins ne nous révélerait pas grand-chose de la région côtière. À l'époque étrusque, de Tarquinia (à la limite du Latium) jusqu'aux trois ports de Talamone, Piombino (la Populonia étrusque) et Pisa to Fiesole, les plaines côtières, les mines de fer des Colline Metallifere et le Sud fertile étaient les régions les plus actives de l'Étrurie. Après les Romains, la vie sur la côte est devenue dangereuse, avec les fléaux de la malaria et des bandits maures. Au début du XVIIe siècle, les marchands d'esclaves africains pillaient le rivage de Pise. Les Espagnols ont établi leurs garnisons au sud de la Maremme et laissé leurs forteresses en forme d'étoile sur les collines de la péninsule d'Argentario, jusqu'à Elbe.

Dans cette région peu peuplée, la faible production de vin reposait sur la villa, base de l'économie. Au sud, à l'intérieur, sur sa colline, Pitigliano, marqué par sa culture juive, était réputé offrir l'un des meilleurs vins blancs. D'ailleurs, la plupart des vins de cette région étaient blancs, ou plutôt jaunâtres (*gialli*), les cépages blancs étant manipulés avec peu de soin. Les quelques vignerons qui cultivaient le sangiovese le connaissaient sous le nom de morellino et juraient qu'il était originaire de la Maremme. Qui aurait dit qu'il y avait d'autres possibilités jusqu'à ce que l'un des rares propriétaires côtiers tente autre chose, sur un domaine acheté surtout pour y élever des chevaux ? Le lieu d'origine était Bolgheri, le domaine San Guido, le cépage le cabernet, le vignoble Sassicaia.

Bolgheri, à l'intérieur, sur la route côtière romaine, est difficile à trouver sur la carte. Via Aurelia est un village fortifié, à mi-chemin entre les ports de Livourne et de Piombino. La côte est sans grand intérêt et relativement peu accessible ; rien de comparable aux grandes plages de sable, si séduisantes, du Nord, ni à la beauté naturelle du golfe de Baratti ou des Monti dell'Uccellina,

Sassicaia, le plus célèbre des vignobles uniques de Toscane, s'étend sur des collines peu élevées, dominant la mer près de Bolgheri ; ici, il y a peu, la terre fournissait des fruits et des primeurs. Sa merveilleuse adaptation au cabernet sauvignon était alors ignorée.

au sud. Au Moyen Âge, c'était le fief de la famille Gherardesca, dont les châteaux parsèment la région. Bolgheri a connu sa part de gloire au XIXe siècle, grâce au poète Carducci. Mais personne n'en entendrait plus parler sans l'initiative du marquis Incisa della Rochetta, qui, dans un climat maritime, a planté du cabernet sur les sols graveleux (pensons au Médoc), alluvions des ruisseaux drainant les Colline Metallifere.

Les frères Lodovico et Piero Antinori, ses neveux, s'y sont tous deux installés: le premier, dans son domaine d'Ornellaia, a commencé avec du sauvignon blanc pour produire un vin charmeur, le Poggio alle Gazze ; il a continué avec du cabernet sur un sol graveleux et du merlot sur une parcelle argileuse appelée Masseto. Piero a débuté avec un rosé, le Scalabrone (le rosé était autrefois le seul vin autorisé à Borgheri), puis, visant plus haut, a produit le Guado al Tasso à partir de cabernet et de merlot, sur un sol pierreux plus en altitude. Tous ces noms évoquent aujourd'hui une montagne de lires.

Bolgheri se prouve à lui-même qu'il est le Bordeaux toscan : le vignoble atteint maintenant 250 hectares, répartis entre une bonne douzaine de propriétaires, et s'étend jusqu'à Castagneto Carducci (ainsi baptisé en l'honneur du poète) à 10 kilomètres au sud. Là, Angelo Gaja, l'infatigable génie du Barbaresco, s'est récemment installé près du domaine, déjà bien établi, de Grattamacco.

Les premiers Sassicaia sont aujourd'hui assez vieux pour avoir atteint leur pleine maturité. En 1998, le millésime 1975 a été comparé, à Londres, aux premiers crus de Bordeaux (très riches en tannin) de cette même année. Le Sassicaia était plus fruité, avec un caractère

Les cyprès s'alignent, tels des pèlerins nonchalants, le long de l'immense avenue qui conduit de la route côtière, l'ancienne via Aurelia, au village médiéval fortifié de Bolgheri

très épanoui rarement atteint par le Bordeaux. Mais il était parmi ses pairs.

Les vignobles de Bolgheri sont les seuls de leur classe, mais on trouve d'autres vins intéressants sur la côte. Plus au nord, là où la rivière Cecina descend de Volterra, Montescudaio est une DOC mineure mais estimable, de même que Val di Cornia, à Suvereto, dans les collines derrière Piombino. Cependant, cette région, malgré toutes les possibilités offertes par sa situation côtière, ne s'est pas encore affirmée un vrai pays de vin.

L'île d'Elbe est un cas à part. Bien que le travail des mines de fer ait été sa principale vocation depuis les Étrusques jusqu'au siècle dernier, le sol de minerai rouge massif et la douceur du climat sont favorables à la production de vins originaux. Elbe a dû son éphémère célébrité à l'exil de Napoléon. L'empereur déchu a fait plus pour l'île en neuf mois que tous ses gouverneurs réunis. La petite capitale, Portoferraio, joliment abritée par sa baie et richement boisée depuis le déclin de l'agriculture, a été fortifiée par les grands-ducs de Médicis, mais le fantôme de Napoléon domine.

Sa maison, en haut d'une colline à la vue splendide, qu'il a aménagée en palais de poupée, est fort émouvante — de même que la résidence de campagne où il se baignait longuement le week-end. Il s'est intéressé au moindre centimètre carré de l'île, améliorant tout, des routes jusqu'aux égouts. Quand il s'arrêtait pour pique-niquer, il lampait l'Aleatico, au lieu de regretter son Chambertin.

Le muscat rouge doux n'est pas du goût de tout le monde. Mais un bon Aleatico (c'est assez rare) est l'un des vins les plus originaux du monde — rouge foncé,

La Toscane compte une douzaine d'îles reliées par ferry à Porto Santo Stefano ou Piombino. La petite île rocheuse de Giglio est la seule à se consacrer à un cépage blanc sicilien (l'ansonica) pour faire son vin jaune et aromatique — idéal avec le poisson.

parfois légèrement effervescent, avec un parfum de muscat, délicieusement doux, d'une force insidieuse et tout ensemble vivifiant par son tannin. Il donne un caractère napoléonien au *panino* au jambon !

Le Procanico, version île d'Elbe du Trebbiano, est aussi triste que son nom. Le blanc à rechercher est l'Ansonica, spécialité de la petite île de Giglio, issu d'un cépage sicilien plus riche en arôme. Acquabona est le producteur le plus important de l'île, mais c'est le petit domaine de La Chiusa, sur la rive opposée à Portoferraio, qui mérite une visite.

Sur le continent, la région au sud de l'île d'Elbe avait une réputation si sinistre que Dante y voyait l'enfer sur terre. Pour une grande part, la province de Grosseto était un marécage malsain, malgré des tentatives répétées de drainage ; jusqu'à la période mussolinienne, la nature sauvage n'était parcourue que par quelques cow-boys suivant des troupeaux de bêtes à longues cornes. La vie sauvage est maintenant étroitement limitée à un parc naturel (Monti dell'Uccellina). À Punta Ala et sur la péninsule d'Argentario, les stations à la mode et leurs établissements de jeux attirent les Milanais et les Romains. Cependant, les collines fertiles de l'intérieur forment la nouvelle zone frontalière du vin toscan. On entend parler sans cesse de nouveaux gros investisseurs, les grands noms du Chianti, déçus de ne pouvoir se développer près de chez eux ou à l'affût d'une très bonne affaire, qui s'implantent vers le sud, dans le territoire du Morellino. C'est là l'une des campagnes les plus douces et les plus paisibles de

Portoferraio, la capitale de l'île d'Elbe, regarde, de l'autre côté de sa baie, les petits vignobles de La Chiusa. On trouve ici, comme au temps de Napoléon, sans doute, beaucoup de vins rouges et blancs, avec, en vedette, l'Aleatico rouge, très parfumé.

Toscane. Peu de fermes viennent la ponctuer ! Les petites villes fortifiées de Magliano (connue pour ses oliviers millénaires), Capalbio, Pereta et Manciano, avec leurs portes et leurs tours, sont établies à faible altitude sur des collines ondulantes. Cinq cents mètres plus haut, Scansano, qui s'est autoproclamée capitale du Morellino, les surplombe et offre l'imposant spectacle de la mer Tyrrhénienne aux reflets argentés, au-delà des sombres forêts de chênes de la péninsule d'Argentario, des îles proches et même des sommets enneigés de Corse, au-dessus de l'horizon.

D'autres villages auraient pu revendiquer le titre honorifique de capitale du Morellino. La « mêlée » du marché de Scansano concerne davantage les chevaux que le vin, et les cow-boys paradent au bar, vêtus de cuir et coiffés du Stetson de la Maremme. C'est la famille Mantellasi de Magliano qui, la première, a donné à son vin le nom de Morellino. En 1975, une nouvelle coopérative se l'est approprié pour donner une DOC à Scansano. Jusqu'à récemment, il aurait été extrêmement difficile de caractériser le Morellino. C'est un Sangiovese de belle couleur, qui n'a rien du style d'un assemblage de Chianti, avec un corps chaleureux (chez la majorité de ses quelques producteurs), mais manquant singulièrement de tonus. Quelques éleveurs, tels Banti à Scansano et Moris Farms, près de Grosseto, proposent une version haut de gamme gâtée par l'arôme de jeune chêne — et par un prix exorbitant. Cependant, on trouve maintenant un rouge au caractère généreux. Sur les étiquettes, les noms de Frescobaldi, Mazzei et même Biondi-Santi (tous trois, comme Antinori, ont acheté des terres dans la région) lui donnent déjà un certain prestige. Il y a peu de chance que les producteurs s'en tiennent à un Morellino sans assemblage, aussi bon soit-il. Il faut plutôt s'attendre à de nouveaux assemblages, et donc à de nouveaux vins.

L'ancienne polyculture désordonnée des alentours de Pitigliano disparaît au profit des plantations raisonnées d'une large gamme de cépages non traditionnels. Le sangiovese y a une place, mais à côté de cépages provenant d'autres régions d'Italie, de Bordeaux et de la vallée du Rhône.

Pereta est typique des villages fortifiés des collines de la Maremme autour de Scansano. Sa tour de guet rappelle le temps où des bandits venus d'Afrique du Nord sillonnaient le pays pour capturer des esclaves.

À l'intérieur des terres, au sud du mont Amiata, la campagne offre un spectacle très impressionnant du point de vue géologique. À Saturnia, une cascade de sources d'eau chaude est visible à des kilomètres de distance. Sur un rocher inexpugnable, la citadelle étrusque de Pitigliano a été transformée en forteresse par les seigneurs médiévaux Aldobrandeschi et leurs successeurs, les comtes Orsini de Rome (et de *La Nuit des rois* de Shakespeare). Au XVe siècle, les Juifs exilés d'Espagne ont enrichi Pitigliano, et ce sont certainement eux qui ont élargi la réputation du vin blanc local. Il fut un temps où c'était le plus célèbre des vins toscans. Cependant, on ne voit pas pourquoi, dans cette région chaude aux sols multicolores pourpres et orangés riches en minéraux, le cépage blanc conviendrait mieux que le rouge. Autour de Sovana, village encore hanté par les Étrusques, les terrains fertiles ont été récemment plantés en cépages rouges français et toscan par Antinori, dont l'établissement est riche de promesses pour la région.

Les villages voisins de Sovana et Sorano restent prisonniers de leur passé étrusque. On y accède encore par des chemins cachés, creusés dans le rocher par les Étrusques jusqu'à 30 mètres de profondeur et bordés par leurs tombeaux formidables sculptés dans la falaise. Tout est si ancien que personne ne semble capable d'avancer une date. La plus belle sépulture étrusque de Sovana est la Tomba Ildebranda — le village ayant vu la naissance du pape Grégoire VII, né Ildebrando, au XIe siècle. Dans la petite église, un autel sculpté dans la pierre et une voûte remontent au IXe siècle — ce qui correspond à peu près au milieu de toute l'histoire du village depuis sa fondation par les Étrusques.

Le sourire espiègle des visages étrusques est obsédant — impossible d'oublier l'expression spirituelle, aimable et un peu moqueuse des bustes funéraires ! C'est une question qui m'a toujours préoccupé : qu'avons-nous de commun avec les anciens peuples de Toscane — ou de tout autre pays ?

On peut atteindre les citadelles étrusques de Sovana et Sorano par de curieux chemins encaissés creusés dans le roc il y a 2 500 ans. Quelques-uns mènent aux parois des falaises où les Étrusques ont sculpté leurs tombes monumentales. À Magliano, on dit que les oliviers sont presque aussi vieux.

Le temps passé veille encore dans chaque pli de ce paysage enchanteur. Tout change très vite. Pourtant, le terroir, c'est-à-dire l'essence d'un lieu, s'altère sans doute fort peu. La géologie le fonde, la géographie le modèle. Toutes les modifications liées au climat, à la pauvreté ou à la prospérité comme à l'évolution des coutumes sont susceptibles de s'effacer un jour : ainsi, les fleurs et les arbres repoussent après le départ des chèvres. Le vin est l'un des signes les plus représentatifs du sens d'un lieu et d'une époque. Il est certes parfaitement possible, techniquement, de fabriquer un vin neutre, d'éliminer toute trace de sa provenance, mais c'est difficile et certainement absurde. En réussissant à produire un vin parfaitement anonyme, les Australiens se sont vite rendu compte que c'était seulement le moyen de remplir un verre. Dès que le vin a repris son accent, le public s'en est montré ravi.

Le vin toscan a un accent. Plusieurs accents, pour qui sait distinguer un Chianti Classico d'un Vino Nobile ou un Morellino d'un Carmignano. Mais sont-ils proprement

La ville de Pitigliano est sans doute le site le plus impressionnant de toute la Toscane : un grand rocher au sommet plat, aux pentes à pic sur trois côtés. On y propose un vin blanc âpre, dans des caves étrusques, sous la porte de la forteresse.

toscans, ou peut-on les reproduire n'importe où en traitant les mêmes raisins de la même manière ?

Tant que le sangiovese restera le roi, son arôme insaisissable et sa texture très robuste marqueront les rouges toscans. Un patois spécifique naît de la tension entre le fruit, l'acidité et le tannin. Certains tannins sont à un vin sa colonne vertébrale, d'autres sa charpente. Les tannins du sangiovese tapissent la bouche d'une astringence plus ou moins prononcée, ce qui relève la nourriture et donne soif en même temps. Trop de tannin fait le vin amer ; la bonne mesure le rend revigorant, comme un gant de crin.

Aujourd'hui, les nouvelles tentatives concernent surtout des assemblages de sangiovese avec des cépages d'importation. Dotés d'un caractère plus juteux et plus aromatique, ces derniers doivent donner plus de chair, tout en préservant la signature du sangiovese, sa dimension de terroir, son ton astringent.

Mais la signature est évidemment plus que celle du cépage. Plantez un cépage bordelais dans les collines du Chianti, il ne donnera jamais du vin de Bordeaux. Plantez du chardonnay à Rufina, il donnera un vin florentin. Les variétés toscanes consacrées expriment certainement au mieux la région, mais n'importe quel raisin semble ici adopter peu ou prou les us toscans — même si le phénomène reste mystérieux.

Or, parmi lesdites coutumes, la fête toscane est certainement la plus agréable. Aux yeux de tous les Italiens, la nourriture et le vin appartiennent à l'esprit toscan. Affectez trop d'importance au vin, et vous détruisez cet équilibre. Un vin qui se met trop en avant est tout simplement mal élevé.

Car on a souvent un regard trop aigu en la matière. Surveiller le chef ne permet pas pour autant d'apprécier sa cuisine, et cette tendance moderne à avoir l'œil sur le vigneron détourne peut-être du vin autant qu'elle le révèle. Le vin réunit beaucoup d'éléments, il est le manger et le boire, une médecine et un symbole, l'inspiration et l'ivresse. Cependant, ses véritables amoureux exigent par-dessus tout qu'il soit l'essence de son pays : un paysage en bouteille.

1965

Choisir son vin en Toscane

En Toscane, l'ancien et le nouveau monde du vin cohabitent comme rarement ailleurs. Le visiteur curieux peut être sûr de jouir pleinement des deux.

Dans l'univers confus des vins italiens, le sens de l'humour est presque aussi important que le tire-bouchon. Cette confusion est essentiellement due à l'enthousiasme des producteurs. Alors que les petits sont très conservateurs, les viticulteurs de moyenne importance sont prêts à risquer n'importe quelle expérience pour rehausser leur profil — et la plupart des meilleurs producteurs appartiennent à cette catégorie ; l'étendue des domaines est très variable, comme c'est le cas, par exemple, des châteaux de Bordeaux.

« Il genuino » est une expression fréquente dans la bouche des petits exploitants et des aubergistes. Elle traduit leur profonde méfiance à l'égard de tout ce qui ne vient pas de leur propre production et de leurs méthodes simples, mais souvent sur un fond d'ignorance. Le vin *genuino* peut bien s'approcher du vinaigre, de leur point de vue il serait pire qu'il soit *traficato* (le « trafic » représentant un ajout nécessaire de soufre, ou l'addition de cépage ou de vin importés du Mezzogiorno — ancienne pratique solidement établie dans toute l'Italie du Nord). Beaucoup croient cependant naïvement qu'un simple vin de paysan, avec tous ses défauts, prend moins la tête. Nul ne devrait manquer l'occasion de goûter au vin rustique (le *genuino*), ne serait-ce que pour mesurer combien les récents progrès ont été radicaux. Les vins rustiques sont généralement jaunes (*giallo*), oxydés et plats, parfois rehaussés d'une pointe de vinaigre. Il vaut mieux ne pas les boire frais et les garder pour la table. La carafe des petits restaurants de pêcheurs obéit en général à cette tradition et serait immédiatement vidée dans l'évier par quiconque connaît quelque chose à ce que l'on appelle aujourd'hui les défauts du vin. Pour ceux qui aiment le terroir et s'intéressent aux traditions, cela vaut quand même la peine de les goûter avant de se tourner vers des bouteilles étiquetées (et beaucoup plus chères).

Les vins rouges en carafe étant de qualité très variable, on a plus de chance de tomber sur un goût agréable et même d'en trouver un « à point », fruité, vif et mordant. Je mets un point d'honneur à les goûter, dans les petits cafés au bord de la route comme lorsqu'un sommelier s'est mêlé de leur sélection.

Dans les restaurants touristiques, les cartes des vins en bouteille sont devenues interminables, car les producteurs se laissent emporter — et le sommelier tente de suivre. Ainsi, dans le Chianti, la carte des vins décline les producteurs les plus connus (la plupart sont locaux), chacun proposant une ou deux variétés de vins théoriquement novateurs, ainsi qu'un Chianti et un ou deux millésimes de Chianti Riserva (uniquement dans les bonnes ou assez bonnes années). Si votre préférence va aux vins « sûrs », bien colorés, généreusement fruités et marqués par le chêne, vous devrez faire votre choix parmi un grand nombre, la chose étant encore compliquée par l'habitude de mettre les informations nécessaires en caractères minuscules sur une étiquette noire.

Les étiquettes des vins réglementés par les DOC sont relativement claires (le Chianti Classico est DOCG, mais je n'entrerai pas ici dans les arcanes des mentions *garantita* ou *controllata*). On y indique essentiellement le nom du producteur ou de la DOC, mais peu de producteurs résistent à l'envie d'ajouter un nom de marque ou de vignoble, ou un nom fantaisie dont le sens reste obscur, si toutefois il y en a un…

La Toscane est l'une des rares régions où, dans le doute, il vaut mieux choisir les noms les plus célèbres. Antinori en est la meilleure illustration : on est sûr de ne pas être déçu, même avec le vin le moins cher. Même chose pour Ruffino, Frescobaldi et Ricasoli.

Dans les pages qui précèdent, j'ai décrit quelques-uns des meilleurs producteurs toscans dans leur contexte local. Ci-dessous, vous trouverez un lexique des termes utiles et, plus loin (pages 139 à 142), quelques vins remarquables ou que j'apprécie particulièrement. La liste est loin d'être exhaustive — même pour mes préférés. La sélection annuelle la plus complète et la plus à jour des vins italiens est le *Gambero Rosso Guide*, publié par les éditions Slow Food.

DOC Denominazione d'Origine Controllata

Base du système italien d'appellation depuis 1963, en développement constant, à l'instar des nouveaux vins. Tous les vins (mais pas les marques) présents sur le marché sont « contrôlés » — jusqu'à un certain point — par le système. Théoriquement, on en compte plus d'un millier.

DOCG

Comme la DOC, mais « garanti » par la loi. Le « gratin » des appellations est maintenant DOCG — y compris le Chianti Classico.

IGT Indicazione Geografica Tipica

Appellation récente pour éviter à des vins supérieurs produits hors des DOC l'appellation bas de gamme de Vino da Tavola. Les vins IGT sont souvent nouveaux, en attente d'être reconnus par les DOC (mais rien n'est garanti).

VDT Vino da Tavola

L'appellation la plus modeste, parce qu'elle n'impose aucun contrôle — c'est pourquoi les producteurs les plus novateurs la préfèrent à la DOC.

Riserva

Chaque DOC impose un temps de vieillissement (en tonneau ou en bouteille) pour donner à un vin le nom de Riserva. Cette désignation concerne les meilleurs millésimes, seuls susceptibles d'un tel vieillissement, offrant davantage de caractère, d'intensité et de complexité. *Annata* désigne simplement l'année où s'est effectuée la vendange, Riserva ou pas.

Cantina

La *cantina* désigne l'endroit où l'on fait le vin (la salle de pressurage et la salle de vinification), la cave où il est entreposé et même le lieu où on le boit.

Consorzio

Un *consorzio* est un groupe de producteurs réunis pour la défense et la promotion de leur DOC. Le premier en date a été le Gallo Nero, dont le coq noir figure sur les étiquettes de la plupart des Chianti Classico. Il faut observer cependant qu'une toute petite poignée des meilleurs producteurs ont leurs raisons pour ne pas appartenir à un *consorzio*.

Fattoria

Mot courant pour désigner une exploitation vinicole (ou toute autre exploitation agricole). Théoriquement, elle se distingue par l'existence d'un chef d'exploitation, le *fattore*. Un grand domaine est parfois nommé *tenuta*, un petit *podere*. Un *castello* est simplement une *fattoria* avec un château.

Une sélection de vins des diverses régions de Toscane

LA VALLÉE DE L'ARNO : DE FLORENCE À LA MER

RUFINA

Les domaines de Frescobaldi, à Nipozzano et Pomino, dominent la région. Le Montesodi est le meilleur Chianti de Rufina. La Fattoria Selvapiana et Basciano sont les autres bons producteurs de la région de Rufina et de ses vins somptueux. C'est aussi le moment de mentionner les vins de la grande exploitation de Ruffino, installée à Pontassieve. Son Chianti Classico Riserva Ducale a de la noblesse, et le Cabreo Il Borgo, avec l'aide du cabernet, fait un vin comparable au Carmignano.

CARMIGNANO

Villa Cappezzana produit des vins courants et bon marché. Tous sont bons : le Vin Ruspo, agréable rosé, le Barco Reale, rouge légèrement fruité, les Capezzana Riservas, faits pour la garde. Leur vin novateur est le Ghiaie della Eurba, assemblage de cabernet. Autres producteurs : la Fattoria d'Ambra et Medici Villa Artimino (que jouxte un hôtel commode).

Les Chianti locaux — Chianti Montalbano — valent souvent la peine d'être goûtés.

LUCQUES ET SES ENVIRONS

Les Montecarlo de Buonamico, de Montechiari et de la Fattoria del Teso. Mais il faut tenter l'aventure des blancs des Colline Lucchesi, que leur nom soit connu ou non.

AU SUD DE FLORENCE : LE PAYS DU CHIANTI

CHIANTI COLLI FIORENTINI

Castello di Poppiano à Montespertoli, Castello del Trebbio à Santa Brigida, Fattoria La Querce à Impruneta.

CHIANTI CLASSICO

La liste des bons producteurs est longue, et il est difficile de s'accorder sur le meilleur. Les suivants, groupés par région, peuvent produire des vins merveilleux — Chianti Classico ou assemblages modernes. Ils sont cités ici selon leur ville d'origine, pour donner une idée de leur répartition. Ce serait beaucoup s'avancer que de dire qu'il y a là une indication sur leur style. Tout ce que l'on peut affirmer, c'est que, plus on va vers le sud dans la zone du Classico, plus les vins semblent avoir du corps.

À Barberino Val d'Esta (vers l'ouest)
Casa Emma, Isole e Olena (également pour cabernet, syrah et Vin Santo), Castello di Monsanto, Pasolini Dall'Onda.

À Castellina in Chianti (au centre)
Tenuta de Bibbiano, Castellare, Villa Cerna, Castelle de Fonterutoli (et aussi Siepi, avec un excellent sangiovese merlot), Brancaia, Lilliano, Rocca delle Macie, San Fabiano Calcinaia.

À Castelnuovo Berardenga (au sud)
La Fattoria di Felsina a une bonne renommée ; San Felice fait de très bons vins.

À San Casciano in Val di Pesa (au nord-ouest) Quartier général des Antinori. Les meilleurs vins sont les célèbres Solaia et Tignanello, mais les Chianti, le Marchese Antinori, le Badia a Passignano et le Peppoli fruité sont aussi très bons. Il y a également la Fattoria di Grevepesa, Corti-Corsini et la Fattoria Macchiavelli-Serristori.

À Gaiole in Chianti (centre sud) Chianti Geographico est une admirable coopérative d'éleveurs. Castello di Ama est remarquable pour sa variété de cépages et son superbe Chianti Classico Bellavista. Badia a Coltibuono est un beau monastère ancien, dans les collines, avec restaurant et nombreux vieux vignobles. Le Castello di Brolio est le *locus classicus* du Chianti : les vins de Ricasoli sont maintenant parfaits (après une mauvaise passe). Le Riecine est le favori des Anglais ; le Cacchiano et le Lamole di Lamole sont tous deux d'ancienne renommée.

À Greve in Chianti (centre nord) Le Carpineto, le Nozzole (propriété de Ruffino), le Querceto et le Querciabella sont tous excellents — surtout ce deRnier (*quercia* signifie « chêne »). Les châteaux d'Uzzano, Verrazzano et Vicchiomaggio sont autant de domaines exceptionnels. Vignamaggio a produit le tout premier Chianti de l'Histoire.

À Panzano in Chianti (centre) Tenuta Fontodi est le premier producteur — avec un bon syrah. Cennatoio, Castello dei Rampolla, Villa Cafaggio et Vecchie Terre di Montefili sont au moins fiables.

À Poggibonsi (vers l'ouest) La marque Melini est l'une des plus connues de la région, et La Selvanella est son meilleur vin. Elle fait aussi le Vernaccia di San Gimignano.

À Radda in Chianti (sud-est) Castello di Albola, Volpaia et Montevertine se trouvent tous dans le peloton de tête ; le dernier est célèbre pour son sangiovese Le Pergole Torte. On peut aussi noter la Fattoria Terrabianca.

À Tavarnelle Val di Pesa (ouest) Poggio al Sole est recommandable (également pour ses cépages rouges).

À San Gimignano Les Vernaccia (et les vins rouges) de la Fattoria di Cusoria (de Guicciardini-Strozzi), de la Fattoria Paradiso et de Terre di Tufi (Ponte a Rondolino) sont remarquables. On trouve d'autres bons vins chez Baroncini, Falchini, La Lastra, Montenidoli, Mormoraia, Panizzi, la Fattoria San Donato, Teruzzi e Puthod et Fratelli Vagnoni à Pancole.

SIENNE ET LE SUD

MONTALCINO

Il faut visiter l'*enoteca* de la *fortezza* pour avoir une idée du nombre de producteurs (et des prix forts affichés par certains).

Le domaine de Biondi-Standi est le plus original. Viennent ensuite, sans ordre particulier : Altesino, Argiano, le mammouth Castello Banfi et ses nombreux vins, la Fattoria dei Barbi, Caparzo (La Casa est le meilleur), Castelgiocondo, de Frescobaldi (avec l'excellent merlot Lamaione et les Luce et Lucente, en association avec Mondavi), Col d'Orcia (avec sa charmante salle de dégustation), Costanti, Il Poggione, Lisini (sur la route poussiéreuse à l'est de Sant' Angelo in Colle), Mastrojanni, Nardi, Pieve Santa Restituta d'Angelo Gaja, Poggio Antico, Marroneto, Castello Romitorio et Val di Suga. Si vous en trouvez, n'hésitez pas à goûter le Rosso di Montalcino.

MONTEPULCIANO

À Montepulciano, les premiers, pour les vins de cépage comme pour le Vino Nobile, sont Avignonesi et Poliziano ; Avigronesi produit aussi l'étonnant Vin Santo. Boscarelli, Canneto, la Fattoria del Cerro, Contucci, Fanetti, Fassati, Innocenti, Il Macchione, La Braccesca des Antinori, la Lodola Nuova de Ruffino, la Tenuta Trerose et la Tenuta Valdipiatta ont tous l'ambition de rétablir la réputation du Vino Nobile. Montepulciano étant également dans la zone du Chianti Colli Senesi, le Chianti de Sienne, nombreux sont les producteurs qui font aussi du Chianti et un agréable petit blanc, le Bianco Vergine di Valdichiana, qui cède pourtant du terrain aux chardonnay, sauvignon blanc et autres.

LE VAL D'ORCIA

Dans cette vallée au sud de Montepulciano, la Tenuta di Trinoro (pour ses rouges massifs de style Bordeaux).

LA CÔTE TOSCANE

LA PROVINCE DE PISE

La nouvelle vague des vins de la côte toscane a un avant-poste reculé entre Livourne et Bolgheri, avec les DOC de Montescudaio Val di Cornia. La Tenuta del Terriccio, à Castellino Marittima, donne un excellent cabernet merlot, le Lupicaia, et un chardonnay sauvignon blanc, le Fondinaia, bien placés parmi les nouveaux vins.

BOLGHERI

Le rosé Bolgheri est abordable, contrairement aux merveilleux Paleo, Grattamacco, Sassicaia (cabernet), Masseto (merlot), ainsi que le Guado al Tasso et l'Ornellaia (tous deux cabernet merlot). Le Poggio alle Gazze est un excellent sauvignon blanc, mais le plus sûr est le vermentino Blanc de la Tenuta Belvedere d'Antinori. Au sud de Bolgheri, près de la côte, à Suvereto, les domaines de Tua Rita, Montepeloso et Gualdo del Re sont dans la DOC Val di Cornia et font des vins modernes. Notez aussi le Vermentino.

L'ÎLE D'ELBE

Acquabona à Portoferraio, La Chiusa à Magazzini, Enrico Tirloni à Lacona — mais goûtez tous les vins de l'île.

LA MAREMME DU SUD

Les vins courants se développent rapidement. Actuellement, le meilleur Morellino est peut-être le Tenuta di Belguardo de Mazzei, près de Montiano. Les meilleurs producteurs de Morellino di Scansano sont ensuite le Pupille à Pereta, Moris Farms à Massa Marittima, Erik Banti et Provveditore, de Bargagli, à Scansano, et Mantellasi à Magliano. Près de Porto Santo Stefano, le grand domaine côtier de La Parrina a sa propre DOC et produit des rouges et des blancs sans grande originalité.

DOC BIANCO DI PITIGLIANO

Vins blancs très légers, mais frais. La Stellata, près de Manciano, produit un Lunaia très agréable. Autres possibilités : Bargagli à Scansano et Sassotondo à Sovana.

Une sélection de cépages

Aleatico Cépage rouge à l'arôme de muscat, surtout à l'île d'Elbe. Le vin vaut la peine.

Ansonica Il faut aller sur la petite île de Giglio (prendre le ferry à Porto Santo Stefano) pour ce blanc, meilleur que le trebbiano avec un bon poisson.

Brunello La version de Montalcino de l'omniprésent sangiovese rouge, un clone qui, dans le climat relativement doux de la région, donne les vins de Toscane les plus solides et les plus corpulents.

Cabernet sauvignon Courant aujourd'hui en Toscane, c'est le partenaire idéal du sangiovese (cependant, le merlot mûrit mieux dans les régions plus froides du Chianti). Bolgheri, sur la côte, est son lieu d'élection.

Canaiolo L'un des rares cépages noirs en progression, utilisé dans les assemblages du Chianti, en particulier pour le traditionnel *governo*.

Colorino Cépage de couleur foncée. Rare aujourd'hui.

Malvasia L'un des meilleurs cépages blancs de Toscane, bien qu'on l'utilise principalement pour les assemblages de Chianti. Il s'oxyde s'il n'est pas manipulé avec soin. Le vin sec sait vieillir et prendre un caractère riche, presque voluptueux.

Mammolo Autre compagnon traditionnel rouge du sangiovese, sombre et âcre, mais rare aujourd'hui.

Merlot Partenaire en vogue depuis peu du sangiovese, et excellent par lui-même; cultivé à l'intérieur des terres comme sur la côte.

Moscadello Pendant un certain temps, Montalcino a eu sa propre variété de muscat, le moscadelleto, donnant des vins solides, doux et ambrés. Aujourd'hui, les muscats de Moscadello sont plus dans la veine de l'Asti léger.

Procanico Synonyme désuet du trebbiano.

Prugnolo gentile Clone dominant du sangiovese à Montepulciano.

Sangiovese Le rouge toscan majoritaire. Les meilleurs de ses nombreux clones sont le sangiovese grosso (à gros grains), le brunello et le prugnolo gentile. Le Chianti est pour l'essentiel un assemblage de sangiovese, mais, ce cépage devenant plus répandu, il est de plus en plus utilisé pour des vins de cépage unique.

Trebbiano Cépage blanc tout terrain, trop répandu en Toscane comme dans le reste de la péninsule. Il prend le nom de galestro, d'après le sol argileux qui semble le mieux lui convenir. Ses noms français sont ugni blanc et saint-émilion, cépages prolifiques qui donnent les vins de distillation pour le Cognac.

Vermentino Cépage blanc semblable au malvasia, excellent en Corse, en Sardaigne et sur la côte ligurienne (au nord de la Toscane), qui devient le nouveau blanc toscan, pour sa souplesse et son bouquet ample.

Vernaccia di San Gimignano Cépage blanc donnant un vin pouvant être un blanc corsé et plein d'arôme (à essayer !), mais longtemps élaboré presque comme un insipide Trebbiano.

CRÉDITS PHOTOGRAPHIQUES

Andy Katz : pages 1, 2, 4-5, 7, 8, 16, 23, 30-31, 32, 37, 38, 40, 41, 45, 46, 47, 48, 49, 50-51, 55, 59, 60, 61, 67, 72, 79, 85, 86, 90, 93, 94, 97, 102, 104, 105, 108, 110, 112, 113, 114-115, 117, 135, 144 et couverture

Max Alexander : pages 15, 19, 42, 43, 44, 52, 56, 57, 58, 62, 63, 64, 69, 70, 71, 74, 75, 76, 77, 80, 81, 82, 83, 84, 89, 92, 96, 98, 99, 100-101, 103, 107, 118, 121, 122, 123, 126, 128, 130, 131, 132-133, 136, 138, 140-141

Archivo Fratelli Alinari, Florence : pages 12, 24, 27

Eduardo Fornaciari : page 28

Enoteca Pinchiorri, Florence / Paolo Cecconi : page 34

The Stockmarket, Londres : pages 35, 36

John Ferro Sims, Londres : pages 68, 75, 78, 124, 125